天下雜誌

觀 念 領 先

哈佛最受歡迎的一堂課

更快樂

HAPPIER

Learn the Secrets to Daily Joy and Lasting Fulfillment

塔爾・班夏哈 Tal Ben-Shahar ——著　譚家瑜——譯

目次

第一部　理論篇

第二部 應用篇

第三部 思想篇

推薦序 ❶

快樂沒有捷徑

朱 平

我是個生意人。我一直認為一個人在工作上找不到意義、樂趣，基本上是不可能找到真正的快樂。我也始終相信，有快樂的員工，才會有快樂的顧客，也才會有快樂的企業、快樂的社會。如果這是對的，為什麼「生意人」不把如何提供一個有意義、有樂趣的工作，當成最重要的策略之一呢？

我非常喜歡作者以「Happier」為書名，而不是一般的 Happiness。Happier 是正向心理學（Positive Psychology）最重要的觀念。正向心理學是一門研究快樂的人為什麼會快樂，以及如何讓人更快樂的科學。

記得在一個偶然的機會中，我在網路上看到一段班夏哈在哈佛大學的課程錄影。《更快樂》這本書最成功的地方，就是在於作者能將正向心理學的學術研究，用簡單且易懂的方式，讓一群從小就在「你贏我輸」的競爭遊戲規則中長大的天之驕子，重新思考什麼是人生的「終極貨幣」。

在臺灣，我受到好友 David Wagner 所啟發，開始推廣「悅日人」（Daymaker）的人生哲學。「悅日人」哲學希望每個人、每一天都能有意識地讓每個跟自己接觸的人，尤其是陌生人，因為我們的一句話、一個行動而感到快樂，成為自己與別人的「快樂製造機」（好友吳金津）、「快樂推進器」。

賽利格曼（Martin Seligman）的《真實的快樂》（Authentic Happiness）對我而言是個啟蒙。發現正向心理學，在追尋人生快樂中，等於是找到了一個學術理論基礎。二〇〇六年，我的生命伴侶陳郁敏正好是賽利格曼的學生，介紹我許多有關正向心理學的概念，也嘗試著把正向心理學導入企業的終極目標：如何讓每個人更快樂一點，如何利用「悅日人」來改變世界。

因此，我認為班夏哈的《更快樂》這本書，是每個企業領導人、經理人必讀的經典書。我強力推薦對正向心理學有興趣的企業老闆、經理人、教練，用心地讀完這本書，然後努力建立一個工作環境，讓你的員工從事「能做、想做、有意義也有樂趣的工作」。

我們都有一個迷思，以為找到了喜歡的工作很重要。其實真正的快樂不是做喜歡的工作，而是做能發揮自己長項（Strengths）的事。因此找出自己的長項，比找到喜歡的工作更重要。當你懂得運用自己的長項，從事一個有意義、有使命感的志業時，就會找到成就感、樂趣與快樂。班夏哈在課堂中也一再提醒學生，工作態度比工作本身更能創造樂趣；快樂沒有捷徑，需要「一次又一次的經歷點點滴滴逐步堆積」。

正如作者所預言，我也相信正向心理學所提倡的快樂是人生最高目標，勢必將引發一場寧靜的「快樂革命」，讓更多的學校、企業開始重視正向心理學。因為正向心理學是個經過不斷實驗、研究的行為科學，而不是經由宗教、心靈療癒、潛能開發、自我成長訓練營或靈修大師（Guru）所啟發的信仰。

如果你真心希望自己能變得「更快樂一點」，光看這本書是不夠的。也要用心地做每章文末所附的練習題，才能開始養成新的習慣，參加「快樂革命」。追求快樂不是你爭我奪的「零和遊戲」，而是一場「非零和遊戲」（nonzero sum game）或「正和遊戲」（positive sum game）。當我們幫助別人得到快樂時，也會找到自己的快樂。

如果今年你要讀一本終身受用、改變自己，重新找回人生的意義、快樂的書，《更快樂》就是你的選擇之一。

（作者為漣漪人文基金會／共同創辦人）

推薦序❷

你快樂嗎？

黑立言

逢年過節，遇到久沒見面的親朋好友總不免俗的都會問候：「最近好嗎？」含蓄客套一點的會回應：「還好，還可以，過得去……」積極一點會說：「很好！好極了！……」但是我們真正關心的問題是：「你快樂嗎？」

談到快樂，就不得不提到美國在開國之初，他們的建國領袖在獨立宣言裡寫道：「……下述真理不證自明：凡人生而平等，秉造物者之賜，擁有無可轉讓之權利，包含生命權、自由權與追尋快樂的權利。」也就是說，他們認為讓後代子孫能追求快樂這件事，重要到連拋頭顱、灑熱血、家破人亡都值得，怪不得美國後來成為一個令全球許多人嚮往的國家。

接下來的問題就很重要了：什麼是快樂？快樂可以學習嗎？

很高興本書作者班夏哈教授告訴我們：絕對可以！這位作者是哈佛大學心理系的知名教授，他的「正向心理學」這門課是學校目前最受歡迎的課，美國最頂尖的大學生都排隊要聽他的課。很高興的是：我們不用排隊，也不需要付一年超過百萬台幣的學費，就能透過這本書來了解這兩個問題的答案。

卡內基訓練®的創辦人戴爾卡內基（Dale Carnegie）曾被媒體問到：「你一生當中所學到最大的教訓是什麼？」他不假思索地說：「我們都是自己思想的產物。」也就是說，如果我們選擇正確的思想，心中滿懷平安、勇敢、健康與希望，人生就會幸福快樂。期望大家能透過這本書的啟發，找到屬於自己的真實快樂。

（作者為臺灣卡內基訓練®監察人）

導讀

呼應時代發展的新顯學

鄭伯壎

許多學科領域與學術思潮，都是時代的產物，心理學何嘗不然！

在邁入千禧年之後，由於顯微科學的發展、全球化的興起，以及對人性本質的反思，心理科學經歷了三大革命：第一是神經革命，在顯微科技的突破下，核磁共振諸類的精密儀器逐漸普及，人類已經更能明察秋毫地考察人類行為的微細神經與生理基礎，而導致腦與神經心理學的蓬勃發展；第二是文化革命，在全球化浪潮的衝擊之下，文化差異逐漸獲得尊重，因而許多研究者乃開始深思過去一百年來在北美與西歐完成的心理學理論，是否亦能恰如其分地適用於全球其他的文化之下，而導致了本土心理學與文化心理學的勃興。

第三是正向革命，從佛洛伊德提出心理分析論以來，探討人類負面行為的異常心理學已經頗受重視，再經二次大戰後就業危機所導致之人類心理問題的強化，於是心理學對負面行為的探討乃成為主流，並蔚為流行，而忽略了更為重要的人性光明面。為了扭轉此種偏頗，承襲人本心理學傳統的心理學者乃重新調整視框，將焦點集中在人類的正向品質與積極經驗上，期望幫助人類發揮潛能，並獲得幸福。於是，正向心理學乃在二十世紀末期以後大行其道。

二十一世紀新風潮

持平而言，此三大革命會為心理學帶來何種風貌，是否能夠解開人類行為的黑箱或深層的心理密碼，仍為時過早；不過，卻已經激盪出一股風潮，引領二十一世紀的心理學走向。其中，與本書最為有關者，當然非正向心理學莫屬。正向心理學可溯源自人本心理學家馬斯洛（Abraham Maslow）的人本論或自我實現的心理學觀點，認為幸福感、希望、樂觀、心理韌性、公共美德及利他主義等人類的正向素質與積極行為，才是心理學更需要了解的對象，也才能為人類福祉添加光彩。

此一思潮的蓬勃發展，實有賴於一九九七年擔任美國心理學會理事長的賓州大學教授賽利格曼（Marty Seligman）的大力倡導。賽利格曼立基於一九六〇年來其所進行的「習得無助」（learned helplessness）研究，再結合「社會心理學控制點」（locus of control）與「歸因理論」（attribution theory）的研究結果，認為習得無助與歸因有密切關係，而發現不同性格的人對失敗的歸因是不同的。對樂觀的人而言，會對失敗進行外部歸因，認為失敗是暫時的、只限於特定的條件與時空因素；然而對悲觀的人而言，則會進行內部歸因，把失敗歸咎於自己，或歸因於長期而無可改變的因素，深信失敗是無可避免的，並進而影響其對各種生活事件的詮釋。

此種歸因亦攸關人類行為的種種表現。例如，在人壽保險公司當中，樂觀業務員的業績比悲觀者高出八八%以上，而離職率卻只有悲觀者的三分之一；樂觀者的健康較佳，壽命也比悲觀者多活十年以上。在上述基礎之下，有心人乃大聲疾呼心理學的研究焦點應該由人類的缺陷轉向人類長處，由改善轉變為成長，由心理創傷感轉變為心理免疫力，由憂鬱抑悶轉變為活力快樂。於是，正向心理學得以進一步發展。

在分析層次上，正向心理學著重於三方面的探討，第一是主觀層次，強調個人正向而積極的體驗，包括過去的幸福與滿足、當下的快樂與喜悅，以及未來的希望與信心；第二是微觀層次，考察人類正向的特質與性格，例如，勇氣、毅力、寬容及愛等等的人類優良素質；第三是巨觀層次，剖析同情、寬恕、責任感、助人及公民行為等種種公共美德，並由此型塑出正向的人格特質，培育出幸福健全的個人與助人成長的領袖；培養出成熟同理的人際關係，且創造出精力充沛、顧及人類福祉的正向人類組織。

邁向快樂有妙方

在正向心理學的影響之下，快樂學也成了一門顯學。在諾貝爾經濟學獎得主卡尼曼（Daniel Kahneman）「前景理論」的基礎上，研究者已經證實財富與快樂並沒有必然的關係，財富的累積也無法帶來快樂，所以科學唯物主義的物質觀與新自由經濟主義「人類具有追求利益極大化」的假設受到嚴酷的挑戰。

本書即立基於此類觀點，認為人類活著的目的是為了獲得快樂，而非物質、財富、地位等的外在報酬。因此，當代人雖比前人富裕，卻沒有比前人快樂。然而什麼是快樂？快樂要如何獲致？如何自助人助？在在都值得探討，也是本書試圖回答的重要問題。

總結作者的想法，邁向快樂有六大妙方：第一、接受自己生而為人（human），是具有喜、怒、哀、樂等情緒的；個人必須接受此一前提，才能克服因情緒而來的種種問題，否則將會導致挫折與不快樂。第二、快樂端賴於樂趣與意義兼而有之，因此，個人應該要從事樂趣與意義兼具的活動與工作。第三、謹記快樂源自於個人的心靈狀態，而非身分地位等外在條件，所以如何對外在事件進行詮釋，乃是關鍵。第四、生活儘量簡單，不要複雜，更不要過於忙碌。第五、身心息息相關，因而需要有定期的運動、適當的睡眠，以及良好的飲食習慣。第六、盡可能表達感激，許多美好事物的獲得，並非都是那麼的理所當然，所以要學會欣賞，並表達感謝之意。

簡單道理，貴在實踐

看起來，作者所提的妙方十分簡單，的確如此。但就像作者在哈佛大學開授正向心理學的課程吸引眾多的學生，有人批評說這門課太簡單一樣，他的回答是：由於此一課程與每個人的生活息息相關，而讓學生感到興趣，興趣會使得人覺得再難的事情也變得簡單；何況，簡單本來就是他所提的快樂六大妙方之一。

雖然如此，妙方簡單，並不代表知易行易，要做到也得要花費一番功夫。所以本書強調實踐，要求讀者必須把本書當作成一本練習簿來看，循序演練，而且要解行並進、思考與行動兼施，才能日起有功，掌握快樂祕訣。

也許根本的問題不在於學習快樂是否難易，而在於其所立基的「唯樂觀」假設。原因無它，本書雖然適度地矯正了「科學唯物觀」與「經濟唯利觀」的預設，卻又落入了「人生而追求快樂」之唯樂觀的窠臼。

快樂是人生的終極目標嗎？對此問題，可能有許多人不以為然。例如，人本心理學開拓者之一的馬斯洛就不認為如此，自我實現才是；文藝復興時期的義大利哲學家芬希諾主張應是昇華的靈魂；英國作家狄更斯認為是高貴的心靈；亞里斯多德則強調應是美好事物的偉大實踐（eudemonia）。

至於東方，中國儒者始終以為無私與天人合一才是人生大道；道家著重清靜無為，佛教修行人則側重證悟，且更強調要超越快樂與痛苦之外。

不過，我們倒不能過分苛責作者，畢竟他還只是一位將教學當作志業的新科博士。他的課受到歡迎也正是因為他的年輕，能夠了解時下大學生的需要。

智者說：「無論如何聰明，不到一定年齡，有些人生智慧是無法體悟的」；正因為無法領會，所以人才擁有向上成長的契機。也許成長才是人生值得追求的目標吧！或許是，或許不是——但莫憎愛，洞然明白！

（作者為臺灣大學心理學系教授、臺灣心理學會監事）

探索問題中的問題

我們活著的目的，都是為了得到快樂；大家的生活雖不盡相同，目標卻一致。

——《安妮的日記》作者安妮（Anne Frank）

二〇〇二年是我在哈佛大學講授正向心理學（positive psychology）的第一年，當時有八位學生選修，兩人退選。在每星期的課堂上，我們都會探討一道課題：如何幫助自己和別人——包括個人、群體和社會——活得更快樂？我認為這才是「問題中的問題」。除此之外，我們也閱讀期刊論文，試驗某些概念，分享個人故事，體驗挫折和喜悅的滋味。學年結束時，大家終於比較了解心理學能教我們運用哪些方法活得更快樂、更滿足。

次年，這門課以演講形式對外開放，而最早鼓勵我並引介我進入這個教學領域的前輩，是我的恩師史東（Philip Stone），他也是第一位在哈佛大學執教正向心理學的教授。後來修課學生多達三百八十人，學校舉行期末評鑑時，二〇%以上的學生表示：「這門課能改善個人生活品質。」我第三度開課那年，又有八百五十五名學生註冊，是哈佛大學選修人數最多的科目。

一百多年前，詹姆斯（William James）為美國心理學奠定了根基，我始終奉行他的理論，一再提醒自己秉持實事求是的態度，「從經驗中尋求真理的現金價值（cash-value）」。我為學生尋找的現金價值，不是存在於有形貨幣或時下常見的成就和榮譽中，而是蘊藏在我所謂的終極貨幣裡。終極貨幣即是所有目標最後抵達的終點：快樂。

現代人的心靈革命

修這門課的學生不僅要探討「快樂生活」理論，還必須在閱讀學術論文和學習相關研究之餘應用所學。他們努力克服恐懼，省察個人長處，撰寫書面報告，為每個星期和未來十年立下雄心萬丈的目標，並且勇於冒險地尋找自己的伸展圈（stretch zone），也就是介於舒適圈（comfort zone）和恐慌圈（panic zone）之間的安全中介區。

私底下，我總是無法為自己找到這個安全中介區，個性內向害羞的我第一年在只有六名學生的班級授課時，覺得相當舒適自在，第二年卻要面對將近四百位學生，只好盡力施展教學能耐。到了第三年，學生人數增加至前一年的兩倍多，我也一腳踩進真正的恐慌圈。當我看到學生家長、一群老先生老太太，加上媒體也開始出現在教室裡，更是感到惶恐不安。

自從《哈佛深紅報》（*Harvard Crimson*）及《波士頓環球報》（*Boston Globe*）相繼報導這堂課大受歡迎的盛況後，許多問題便排山倒海而來。大家逐漸意識到我們正面臨某種革命，卻又不知道原因何在。你如何解釋哈佛大學及其他校園對正向心理學的需求日益殷切的現象？中小學及成人團體為何對「快樂學」愈來愈感興趣？因為現代人比較鬱悶嗎？跟二十一世紀的教育方式或西方人的生活型態有關係嗎？

事實上，「快樂學」不是西半球及後現代特有的產物，世界各地的人一直都在尋找快樂的祕訣。希臘哲學家柏拉圖成立一座學院的目的，便是為了研究這個課題，他的得意門生亞里斯多德後來也創辦一所與之相庭抗禮的書院，推廣自創的快樂理論。生存年代比他們早一個多世紀的孔子，曾經周遊列國傳授修身養性之道。任何偉大的宗教或包羅萬象的哲學體系，都在探討今生或來世的快樂問題。近幾年，坊間更充斥著某些自助達人的著作，那些達人的足跡也遍布世界各地——從印度到印第安納州，從耶路撒冷到吉達港——的會議中心。

雖然人們對快樂生活的喜好和研究不受時空限制，我們卻可以透過現代社會的某些特徵，來說明大眾對正向心理學的需求日漸升高的原因。今日美國人的憂鬱症罹患率已較一九六〇年代增加了十倍，患者初次發作的平均年齡為一四・五歲，一九六〇年代則為二・五歲。一份針對美國多所大學進行的研究透露，將近四五％的大學生「因出現嚴重憂鬱症而造成學習障礙」。其他國家亦步上美國後塵，例如一九五七年有五二％的英國人表示他們非常快樂，二〇〇五年時，儘管英國人的財富在過去五十年內增加了三倍，但只有三六％的英國人表示他們很快樂。隨著中國大陸經濟快速成長，帶有焦慮和憂鬱症狀的成人與兒童也急遽增加，中共衛生部宣稱：「我國兒童與青年的心理衛生水平確實教人擔憂。」

物質繁榮的程度不斷推升的同時，心情鬱卒的程度亦隨之提高。我們這一代的人——包括大部分西方國家和愈來愈多東方國家的人民——雖比前人富裕，卻沒有因此活得更快樂。正向心理學泰斗米哈里問了個答案複雜的簡單問題：「我們既然這麼富有，為何卻快樂不起來？」

一般人大多認為「先得滿足基本的物質需要，才能享受快樂充實的生活」，這樣的想法會輕易為自己活得不快樂找藉口。然而現代人早已滿足各項基本生活需要，再挖不出任何不滿現狀的正當理由，於是愈來愈多人渴望解決「財富似乎只為人們帶來不快樂」的弔詭現象，並以正向心理學做為求助對象。

為什麼需要正向心理學？

正向心理學泛指「研究人類最佳心理運作狀態的學問」，一九九八年正式成為一門學科，創始人為美國心理學會會長賽利格曼（Martin Seligman）。在此之前，「快樂」或「提升生活品質」這類課題的研究，多半是由大眾心理學（pop psychology）擔綱。許多自助講習會和自助書籍也應運而生，那些講習會和出版品固然饒富趣味，但內容貧乏者也不在少數，它們常提供保證有效的五個簡單快樂步驟、三個成功祕技、四個找到理想情人的妙招，而這些步驟、祕技和妙招往往是空頭支票，不敵時間的考驗，「自助」一詞遂成為人人嘲諷的話柄。

另一方面，學術界雖有內容扎實、言之有物的論述和研究，卻無法與大眾分享這些成果。我認為正向心理學扮演了銜接學術象牙塔和市井大街的橋梁角色，能將嚴肅的學術研究和有趣的自助運動結合起來，這也正是本書企圖達到的目標。

大量自助書籍為讀者提供了過多無法履行的承諾，因為其中只有少數提議經得起科學方法的驗證。反過來說，一些刊登於學術期刊、從發想到出版一路過關斬將的概念，內涵就比自助書籍豐富太多了。這些論述的作者通常比較不會誇大其詞，只為少數讀者提出項目較少但比較可行的承諾。不過，由於正向心理學成為學院與大眾之間的橋梁，正向心理學家無論在書籍、演講或網路上提供意見，有時候聽起來也和自助達人給的忠告不分軒輊。事實上，正向心理學雖然與大眾心理學一樣簡單明瞭、易於理解，內涵卻迥異於後者。

美國已故最高法院大法官何姆斯（Oliver Wendell Holmes）說：「我不想為看似簡單的複雜現象耗費心神，而樂意為複雜現象背後的簡單義理奉獻生命。」何姆斯喜愛經由探索、研究、深思、努力嘗試之後發現的簡單道理，而不欣賞毫無根據的陳腔濫調，以及脫口而出的武斷結論。正向心理學家深入鑽研表象，得出淺顯的概念、實用的理論、簡單的技巧與可行的原則，不是件輕鬆的工作。達文西早就比何姆斯更有先見之明地指出：「簡單是複雜的極致。」

本書的用途

為了擷取快樂生活的精華，許多正向心理學家、社會學家及哲學家曾經付出大量時間與心血，試圖了解複雜現象背後的簡單原理。本書敘述了他們的一些想法，若能善加利用，將有助於讀者活得更快樂、更滿足。我知道這些概念確實有效，因為我就是受惠者。

本書旨在幫助讀者了解快樂的本質，期望能使讀者擁有更快樂的人生。不過，僅僅閱讀本書或其他相關書籍，不可能做到這點。我認為要讓自己發生有意義的改變，沒有捷徑可走。如果你希望這本書真能影響你的生活，就得把它當成一本練習簿，而且練習實作時一定要思考與行動並進。

漫不經心地瀏覽書中文字是不夠的，必須深入思考，所以本書前後穿插了一些「日常練習」單元，讓你有機會暫停幾分鐘，提醒自己消化一下剛讀過的東西，並檢視自己的想法。如果少了這些單元，不動一動腦筋，你可能覺得本書大部分內容都很抽象，然後過目即忘。此外，每章結尾還附有一些引導你展開思考與行動的練習，協助你更進一步應用書中言論。有些練習會比其他練習更能引起你的共鳴，例如你可能覺得寫日記比冥想容易。先做你覺得最自在的練習，等到這些練習發揮效用後，再逐步擴大範圍。若有任何練習讓你覺得不舒服，就直接跳到下一個。所有練習都是以心理學家提供的最佳輔導技巧為藍本，投入這些練習的時間愈多，愈有可能從中受益。

全書共分三大部分，理論篇（一到五章）討論快樂是什麼，以及快樂生活的要素；應用篇（六到八章）談到如何將這些概念應用在教育、職場和感情上；思想篇包含七個值得我們思考的問題，針對快樂的本質，以及快樂在生活中所佔的地位提出一些觀點。第一章首先回顧我如何展開追求快樂的過程，第二章強調無論是立即滿足欲望，或無限期延後滿足欲望，都無法得到快樂，我們常見的快樂模式——享樂主義者只為眼前的享樂而活；拚命三郎為了達到某個未來目標而延後滿足——並不適合大多數人，因為這些模式忽略大家的一項基本需求：兼顧現在和未來的利益。

第三章說明我們需要追求生活意義和樂趣，擁有使命感和正面情緒經驗，才能活得開心。第四章提到我們應該把快樂（不是名利）視為終極貨幣，來評量我們的生活品質，文中還探討物質財富與快樂的關係，同時追究一個問題：許多家財萬貫的人為何陷入情緒破產的危機？第五章談到與「設定目標」這個主題有關的心理學研究。

第六章將快樂理論應用在教育方面，除了拋出為什麼大多數學生不愛上學的問題，也提到教育者——包括家長和老師——能運用某些教育方式，幫助學生快樂、有效地學習，接著介紹兩種截然不同的學習方式：溺水模式和做愛模式。第七章首先質疑大家常有的一個假設：工作成就高的人必定得不到心靈滿足感，然後談論如何找到兼具意義和樂趣，又能發揮個人所長的工作。第八章探討快樂生活最重要的元素之一：感情，同時敘述「無條件的愛」真正的意義、為什麼這種愛是婚姻幸福的要件，以及它如何增進其他生活層面的樂趣和意義。

第九章討論快樂、利己和利他之間的關係。第十章介紹「快樂推進器」的概念，快樂推進器是指既有樂趣又有意義，且能影響我們整體快樂程度的短期活動。第十一章反駁「人類的快樂程度取決於無法改變的遺傳基因或童年經驗」的論調。第十二章舉出幾個克服某些心理障礙的方法，期使大家掙脫我們加諸於己身、阻礙我們享受幸福人生的內在限制。第十三章提出一個假想實驗，促使我們善用想像力，為「問題中的問題」尋找一些答案。第十四章說明如果我們想在愈來愈少的時間之內塞進愈來愈多的活動，可能阻礙我們追求快樂。

最後一章的主題是快樂革命。我相信社會上如果有足夠的人了解快樂的本質，把快樂看成終極貨幣，一場快樂革命就會展開，我們也將目睹整個社會充滿快樂與善行。

追求快樂是個持續進行的過程，只有無限連續的點而沒有某個定點。

第一部 理論篇

第一章

快樂是什麼？

困境中隱藏著機會。

——愛因斯坦

十六歲那年，我贏得了以色列全國回力球賽冠軍。這件事促使我認真地思考了「自己是否快樂？」的問題。

我始終以為，得到這項殊榮能帶給我快樂，趕走時常縈繞在心頭的空虛感。我為這場賽事受訓了五年，那段期間我總覺得生活遺失了某樣重要的東西。即使我在腦海裡反覆為自己打氣，仍無法渴求而得，但我相信假以時日，那樣「遺失物品」會重新回到我的生活裡。我也知道，要得到冠軍必須從身心兩方面下功夫；贏得冠軍是滿足自我的必要條件，滿足自我又是獲得快樂的必要條件，這就是我的思考邏輯。

拿到冠軍時，我的確喜不自勝，快樂得超乎想像。比賽落幕後，我和親友出門大肆慶祝了一番，因為我在準備比賽期間所懷抱的信念——登上冠軍寶座將帶給我快樂——終於得到印證，一切的努力和身心煎熬都是值得的。

慶祝活動結束當晚，我回到房間坐在床上，打算趁著入睡前再回味一下興奮無比的感受。在毫無預警的情況下，那份來自現實生活，也是長期以來我最珍惜、最重視的雀躍感忽然憑空消失，空虛感又回來了。我既迷惑又恐懼，幾個鐘頭前才喜極而泣，現在卻樂極生悲，徬徨無助。我心裡想：如果在所有事情似乎都很順利的時刻，我卻沒有高興的感覺，將來如何能得到長久的快樂？

我試著說服自己：現在的感覺只是經歷了過度的高潮後出現的短暫低潮。然而，隨著時間的推移，我的心情依然未見改善。事實上，當我明白另外找個新的目標——比方說爭奪世界冠軍——也不能帶來快樂以後，我愈來愈感到孤單無助，似乎再也找不到合乎邏輯的生活步驟。

我領悟到自己需要換幾個角度來思考「快樂」，才能加深或改變我對快樂本質的理解程度。於是，我不斷想到一個簡單的問題：怎麼樣才能得到長遠的快樂？並且熱切地搜尋解答。我觀察那些快樂似神仙的人，請教他們笑口常開的原因，還閱讀每一部探討快樂問題的文獻著作；從亞里斯多德到孔子的學說，從古代哲學到現代心理學，從學術論文到自助書籍都不放過。

為了繼續探索，我決定接受正規訓練，到大學專攻哲學和心理學。結果遇到許多青年才俊，他們都因為想要了解這些「大問題」而矢志成為作家、思想家、藝術家或教育家。我學習抱著抽絲剝繭的態度精讀某一篇文字，參加討論心理動機和創造力的演講會，閱讀柏拉圖的「善念論」和愛默生（Ralph Wade Emerson）的「誠實觀」，從中產生了新視野，將生活看得更透徹。

原來，不快樂的人不只我一個，我的許多同學也是一副垂頭喪氣、神經緊張的模樣。令我訝異的是，他們很少下功夫鑽研「問題中的問題」，而將大部分時間用來爭取好分數、運動成就，以及名聲響亮的職業。然而，追求並完成這些目標，卻無法讓他們體驗長久的快樂。

這些人畢業之後雖然改變了目標，例如以獲得升遷取代學業成就，但基本生活模式依然如故。於是，許多人似乎認為，忍受痛苦是成功必須付出的代價。根據十九世紀美國散文作家梭羅（Henry David Thoreau）的觀察，大多數人都在忍氣吞聲地過著自暴自棄的生活。實際情況果真如此嗎？就算是真的，我仍然拒絕將這種悲觀的論點看成人生必經的事實，只想為下面幾個問題尋求解答：一個人如何才能活得既有成就又很快樂？如何兼顧雄心壯志與快樂感受？「不勞則無獲」這句格言可能被推翻嗎？

在嘗試回答這些問題之前，得先了解快樂是什麼才行。快樂是一種情緒嗎？等同於享樂嗎？沒有痛苦嗎？是幸福的感覺嗎？「享樂」、「幸福」、「狂喜」、「滿足」等字眼雖然常與「快樂」交替使用，但仍無法貼切地描述我心目中的快樂涵義。那些感覺稍縱即逝，固然令人愉快，也是重要的感受，卻不是衡量快樂的標準或製造快樂的元素。有時候，我們在悲傷時期仍會保有快樂的感覺。

雖然有些詞彙和定義無法適切地說明快樂的涵義，但要找到能夠掌握快樂真諦的詞彙與定義顯然更困難。我們都會談論快樂的經驗，而且大都了解快樂的感受，卻仍然找不出一個適當定義。快樂（happiness）一詞源自冰島文 happ，意思是「運氣」或「機遇」，而 happ 也是偶然（haphazard）及偶發事件（happenstance）的字源。我不想把快樂的經驗視為一種機遇，所以希望我能找出快樂的定義。

我始終無法為自己在十六歲那年提出的快樂問題找到完整答案，也以為永遠不會有答案。經過閱讀、研究、觀察與思考之後，我發現人要活得快樂，既沒有神祕公式，也沒有所謂「五個簡單的步驟」可以採行。我寫這本書的目的，是讓讀者知道擁有快樂滿足的生活需要用到哪些通則。

這些通則當然不是萬靈丹，也不適用於人生際遇各不相同的人，所以我只討論正向心理學，而對阻止人們追求快樂的若干心理障礙（例如重度憂鬱症或焦慮症）著墨不多。某些阻礙快樂生活的概念，也不屬於本書討論範圍。住在戰爭地區、受到政治迫害，或處於赤貧狀態的人不太可能採用後文提到的快樂理論；剛失去至親的人也難以關心快樂與否的問題；要求遭遇其他不順——例如對工作或感情失望或不滿——的人用心尋找快樂，也無助於改善他們的心情。在某些狀況下，最佳因應之道就是接受那些負面情緒，一切順其自然。

每個人一生當中難免都要忍受一些煎熬，在追求快樂人生的過程裡所面臨的諸多內外障礙，也無法單靠閱讀某一本書而順利跨越。不過，進一步了解快樂的本質，並且懂得應用某些概念，還是能幫助大多數人活得更快樂。

從快樂到更快樂

在執筆撰寫本書或閱讀他人作品，以及思考快樂問題和觀察旁人行為的時候，我經常自問：「我快樂嗎？」別人也問過我類似的問題，然而我卻經歷了好一段時間才認清這是個「有意義卻無用處」的問題。

如何判斷自己快不快樂？以及在何種情況之下感到快樂？快樂會有共通的標準嗎？假如這標準存在的話，如何界定？這標準是在比較我的快樂和別人的快樂之後定出來的嗎？若是這樣，我如何衡量別人有多快樂？這些問題沒有任何可靠的答案，就算有這種答案，也不會讓我變得更快樂。

「我快樂嗎？」是個答案只能二選一的是非題，表示我們在追求美好人生的過程裡，可以採取兩種態度：快樂或不快樂。根據這個論點，快樂只是某段旅程的終點，一旦抵達這個有界限的定點，便意味著旅程結束。然而，這個定點並不存在；相信定點確實存在的人，只會換來不滿與挫折。

我們永遠都能活得更快樂，沒有人時時刻刻處於幸福無比、清心寡欲的狀態。與其問自己快不快樂，不如問：「怎麼做才能活得更快樂？」這表示我們接受快樂的本質，也明白一個事實：追求快樂是個持續進行的過程，只有無限連續的點而沒有某個定點。今天的我活得比五年前快樂，但願五年後的我又比今天更快樂。

切勿因為尚未達到理想的快樂而意志消沈，也不要為了衡量自己有多快樂而浪費精力，應該認清快樂是一種取之不盡的資源，把注意力放在能使我們更快樂的做法上，將「活得更快樂」列為終生努力的目標。

日常練習

建立習慣

我們都知道，要改變現狀很難。許多研究也指出，學習新技巧、養成新習慣或革除舊習慣，比想像中來得困難；大多數試圖改變現狀的個人或組織，總是以失敗收場。我們在履行改變現況的承諾時，往往缺乏自律，即使在進行明知對自己有利的改變時亦然，所以大部分的新年志向都無法實現。

《專注的力量》（*The Power of Full Engagement*）一書的作者羅爾（Jim Loehr）和舒瓦茲（Tony Schwartz）針對此點提供了不同的思考方式。他們建議讀者：與其一心一意把訓練自律當成改變現狀的手段，不如先培養某些習慣，此外「要建立某些習慣，必須十分確定自己想要的行為，而且得在特定時間內做到；建立這些習慣的動機，則是出自根深柢固的價值觀。」

建立某種習慣往往很難，維持習慣則比較容易。一流運動員每天得在固定時間去運動場和體育館受訓，做肢體伸展動作；大多數人則有每天至少刷兩次牙的習慣，而不必刻意運用自律能力。我們也應該抱著同樣的態度面對想做的任何改變。

運動員知道成為頂尖選手很重要，所以養成鍛鍊體能的習慣；大多數人也明白保持個人衛生很重要，所以養成每天刷牙的習慣。如果我們認為快樂很重要，希望自己活得更開心，也應該養成讓我們樂在其中的生活習慣。

哪些習慣能使你活得更快樂？你願意培養哪些生活習慣？也許是每星期去健身房三趟、每天早晨冥想十五分鐘、每個月看兩次電影、每週二與伴侶約會一次、每兩天讀一小時閒書等等。每次只建立一、兩種習慣，並在確定這個習慣養成之後再建立新習慣。舒瓦茲說得對：「漸進式的改變總比野心太大而招致失敗來得好……，成功是逐步累積的結果。」

一旦找到你想採納的習慣，就把它們寫在行事曆上，然後身體力行。剛開始或許窒礙難行，但通常在一個月內，這些習慣就會變得像刷牙一樣自然。有些習慣很難根除，不過就好習慣而言，這倒是好事。亞里斯多德說：「習慣能顯露我們的個性。我們最擅長的不是某個行為，而是某種習慣。」

一般人有時候不願培養新習慣，是因為他們認為習慣性的行為可能不利於從事即興或創意活動，尤其在進行感情交流（例如定期和伴侶約會）及藝術創作（例如繪畫）時。但如果我們不把某些活動——上體育館健身、陪伴家人，或者閱讀閒書——變成習慣，就不會常做那些事情，到頭來不但無法及時行樂，也會強烈排斥別人佔用我們的時間和精力。

在展開按部就班、依循慣例的生活時，當然不需要每個鐘頭都照表操課，所以仍有時間從事即興活動。更重要的是，我們可以為某個習慣注入靈感，例如心血來潮地決定在固定的約會日去什麼地方。創意十足的人——不管是藝術家、企業家，或為人父母者——都有一些個人習慣，這些習慣反而能讓他們自由地發揮創意和靈感。

後文還會出現這類能幫助你活得更快樂的練習。當你有了不同的做法和習慣，將活得更快樂。

日常練習

表達謝意

根據艾門斯（Robert Emmons）和麥卡羅（Michael McCullough）的研究，每天在日記裡寫下至少五件值得感謝之事的人，身心比較健康愉快。

每天晚上就寢前，不妨寫下至少五件讓你覺得快樂、感謝的事物。這些事物可大可小，包括享用的餐點、和朋友間一席富有意義的談話、正在處理的工作、上帝神明……都可以記下。

除了重複練習外，還要保持愉快心情，想想自己寫下的每件事有什麼意義，同時體會那件事帶來的感受。這種練習能幫助我們感謝生活裡的正面事物，而不會視為理所當然。

你可以自己做這練習，也可以找親近的人——伴侶、子女、父母、手足，或好友——一起做。與他人一起表達謝意是件有意義的事情，也能增進彼此的感情。

第二章

兼顧現在與未來

大自然已將快樂的機會賜給人類，人類卻不知善加利用。

——第四世紀羅馬宮廷詩人克勞迪恩（Claudian）

一年一度最重要的回力球賽即將開鑼，我持續接受嚴格的訓練。為了補償自己的辛勞，我決定大快朵頤一番。雖然我的飲食習慣向來滿健康的，但偶爾還是會放縱自己大啖一頓垃圾食物。

出賽前一個月，我只吃油脂最少的魚肉和雞肉、全穀類碳水化合物，還有新鮮蔬果。所以我打定主意，賽後一定要盡情享用兩天垃圾食物大餐，好好犒賞自己。

比賽甫結束，我就直奔最愛的一家漢堡餐廳點了四客漢堡。當我捧著這份大餐離開櫃台時，體會到俄羅斯生理學家巴夫洛夫（Ivan Pavlov）的小狗聽到用餐鈴聲時的亢奮感。我迫不及待地打開第一份漢堡的包裝紙，正準備將食物送進嘴裡，卻中途打住了。

這頓大餐讓我盼望了整整一個月，如今就擺在眼前的塑膠盤裡，而我竟然不想吃了。我試著思索原因，靈光乍現地想到一個可稱為「漢堡模式」的快樂模式。我知道在吃健康食品那一個月，我的身體潔淨無毒，充滿活力；也知道自己馬上可以舒服暢快地吞下四塊漢堡，但吃完後一定會覺得渾身難受又倦怠。我瞪著尚未開動的大餐，心裡想著四種類型的漢堡，分別代表某個獨特的生活型態，描繪了不同的人生態度和行為模式。

漢堡模式

第一種垃圾漢堡是我不打算塞進嘴裡的美味垃圾食物，吃這種漢堡

快樂模式：四種生活類型對現在和未來的影響

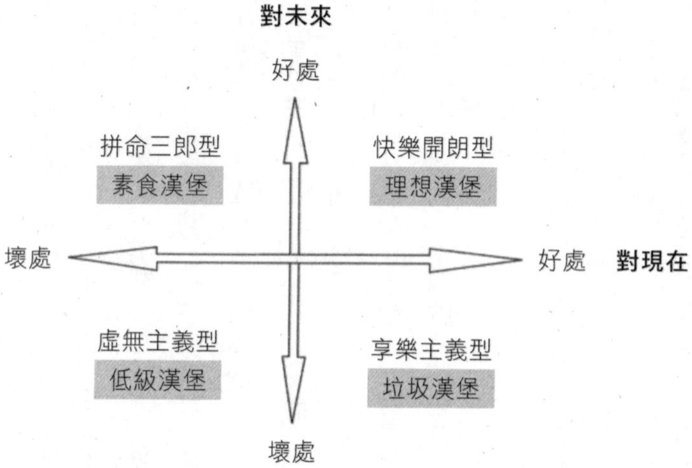

對現在有好處，使我心情舒暢；對將來則有壞處，讓我身體不適。「享樂主義型」的生活就是先蒙其利，後蒙其害。享樂主義者奉行「好逸惡勞」的人生哲學，但求眼前的享受，不顧某些行為的潛在惡果。

第二種漢堡是滋味不佳、只用最健康的食材做成的素食漢堡，它對將來有益，使我身心健康，對現在則沒有好處，讓人享受不到用餐的樂趣。與這種漢堡對應的行為是「拚命三郎型」，拚命三郎忽視現狀而以前途為重。為了將來的收穫，寧可犧牲眼前的享受。

第三種漢堡是最糟的一種，既不美味又不健康，不但對現在沒好處，令人難以下嚥，將來還要忍受壞處，危害身體健康。與這種漢堡對應的行為是「虛無主義型」，虛無主義者對生活已經失去希望，既無法享受當下，也沒有未來目標。

除此之外，有沒有一種漢堡既能像我拒吃的漢堡那麼可口，又能像素食漢堡那麼健康，對現在和將來都有好處？這種漢堡代表的是「快樂開朗型」的生活。快樂的人活得怡然自在，因為他們知道現在從事的趣味活動，將來也會讓自己產生滿足感。

右頁的圖示說明上述四種生活類型對現在和未來的影響。縱軸表示將來的情況，上端是將來的好處，下端是將來的壞處。橫軸表示現在的情況，右端為現在的好處，左端為現在的壞處。

這些都是理論上的生活型態，並非真人必有的行為模式，我們都或多或少地兼有拚命三郎、享樂主義者、虛無主義者和快樂開朗者的行為特質，只是組合方式不同。為了說明某些重要特質，我將採用模擬敘事法，看起來像在談論真人，其實是強調某些鮮明的行為特徵。我先借用虛構人物提蒙的生活來做開場白。

拚命三郎型

提蒙小時候從不關心未來，只想在日常活動裡體驗奇妙刺激的感受。他六歲那年進了小學，從此展開拚命三郎式的生活。

父母和老師一再提醒他，上學的目的是為了拿高分，前途才有保障。卻沒有人告訴他，他在學校裡應該過得快樂逍遙，學習可以是、也應該是個有趣的過程。由於擔心考試成績不好，漏聽老師的教誨，提蒙變得焦慮又緊張，每天都巴望著下課和放學。唯有想到即將來臨的假日時，才有心情繼續上課，因為假日一到，他就不必為功課和分數煩惱了。

提蒙接受了成人的價值觀，把分數當做衡量成就的標準，所以儘管他不喜歡上學，還是非常用功。表現優良的時候，父母和老師會稱讚他，同學們也會羨慕他。上高中以後，「犧牲眼前的享受，成就將來的幸福」這條成功的公式，早已在他心裡生了根，因為大人們總是對他說「不勞則無獲」。雖然不喜歡學校作業和課外活動，依然全心投入，為了多爭取一些榮譽而發憤努力。受不了壓力的時候便告訴自己，一上大學就要開始找樂子。

提蒙終於申請到理想的大學，一拿到入學許可通知便如釋重負，喜極而泣。他對自己說，現在總算可以無憂無慮地過日子了。然而解脫的感覺是短暫的。入學兩個月後，提蒙再度產生多年以來陰魂不散的焦慮感：他擔心自己沒有能力跟最傑出的同窗競爭；萬一拚不過他們，以後如何找到好工作？

於是他繼續當拚命三郎，從大一到大四孜孜不倦地累積令人刮目相看的履歷，例如組織學生會、擔任另一個學生會會長、去遊民之家當義工、加入運動校隊等等。他在選課的時候也很謹慎，不是因為課程趣味盎然而選，而是那些課能讓他的成績單看起來很出色。提蒙偶爾也會放鬆一下，尤其是交了報告或考完試以後。然而，接著又有更多的功課，焦慮感也死灰復燃。

大四那年春天，提蒙得到一家知名公司的工作機會，他歡欣雀躍地接受了。原本以為，從此可以享受人生，但他很快就發現，自己根本不喜歡每週上班八十個小時的生活。於是他又告訴自己，在建立和穩定個人事業以前，不得不暫時委屈一下自己。他偶爾還是會有好心情，通常是在獲得加薪、重賞、升遷，或別人另眼看待他的職銜時。不過，當他又得繼續處理索然無味的工作時，那種滿足感便煙消雲散了。

經過多年辛勤、超時地工作後，公司請他擔任合夥人。他依稀記得，自己一度以為只要爬上合夥人的位子就會心滿意足，結果卻不然。

提蒙在大學時代是優秀的學生，如今又是一家公司的合夥人，和家人住在豪宅裡，開的是頂級房車，賺的錢也比花的多，但他一點也不快樂。然而，別人卻認為他是成功的典範。許多父母視他為楷模，還告訴自己的兒女，只要力爭上游，就可以像提蒙一樣功成名就。提蒙固然同情那些孩子，卻想不出他們除了當個拚命三郎，還有哪些選擇？他甚至不知道該對那些孩子說些什麼。難道要告訴他們在校時不要用功、不要讀好大學、不要找好工作、想成功就得吃苦嗎？

雖然提蒙是個不快樂的拚命三郎，但許多商界人士卻樂於每星期花八十個小時埋首於工作。努力工作或成就傑出的人不是拚命三郎的同義詞，有些人把大量時間貢獻給課業和專業，照樣過得很快活。拚命三郎與這些人的差別在於，他們無法享受所做的事情，老以為達到某個目標就能得到快樂。

我以提蒙做例子，並非暗示商界人士都是拚命三郎。一個在醫學界闖蕩事業的人，可能也會表現同樣的態度與行為：先得進入最好的醫學院就讀，然後找到很好的實習工作，再成為某個專科的主任等等。藝術家也具有同樣特質，他要努力經營自己的作品，這可能無法像作畫之初那麼輕鬆愉快，而是必須全神貫注地完成能帶給他快樂的某個目標或「重大突破」。

之所以有這麼多拚命三郎，原因是我們的文化強調競爭觀念。如果我們擁有優異的成績，就會得到爸媽的禮物；如果我們達成一定的工作目標，就會得到年終獎金。於是我們學會將注意力放在下一個目標，而不是當下的體驗，一輩子都在追趕遙不可及的未來。我們不是因為享受旅遊的過程獲得犒賞，而是因為完成了這趟旅程。社會只獎勵結果，不獎勵過程；只在乎終點，不在乎旅程。

一旦抵達了終點，完成了目標，便誤以為那種解脫感就是快樂的感覺。旅途中背負的行囊愈重，解脫的感受愈強烈也愈刺激。當我們錯把解脫當成了快樂，就是在強化「只要達到目標即可得到快樂」的幻覺。解脫當然很重要，是一種愉快而真實的感受，但不應該將「解脫」與「快樂」混為一談。

我們可以把解脫的感受看成「負面的快樂」，因為它來自負面的壓力與焦慮。在解脫前必定發生過某段不愉快的經驗，因此不可能帶來長時間的快樂。一個消除劇烈頭痛的人固然會很高興自己脫離了痛苦，但因為在獲得「快樂」前必須吃些苦頭，所以疼痛消失只是暫時脫離某個負面感受罷了。解脫的感覺也是暫時的，當頭痛消失那一刻，我們會因為不再疼痛而感到欣喜，但很快就會習慣這種感覺，將身體的舒適視為理所當然。

拚命三郎分不清解脫與快樂的差別，不顧一切地追求自己的目標，儼然只要達到那些目標便足以帶給他快樂。

享樂主義型

享樂主義者只求逸樂而逃避痛苦，只想盡情滿足自己的欲望，鮮少或完全不考慮將來的後果。以為所謂幸福的人生，可簡化為一連串的享樂經驗，冠冕堂皇地從事能帶來立即享受的活動，直到萌生其他欲望才轉移目標。此外，還會熱烈飢渴地展開友誼和戀情，當新鮮感消失後，又馬上進入下一段感情。享樂主義者只重當下而不計後果，如果所做的事情能帶來立即的滿足，也很有可能惹來禍害。假設毒品能製造快感，就去吸毒；發現某件工作難以處理，就採取逃避態度。

享樂主義者錯誤地認為：工作是痛苦的，享受是快樂的。美國老電視影集「陰陽魔界」（The Twilight Zone）裡的一則故事，就在揭示這個嚴重的錯誤。故事敘述一名歹徒在逃亡過程中遭警察擊斃，死後有位天使前來迎接他，並答應實現他的每個願望。這名歹徒十分清楚自己幹了一輩子的壞事，所以不敢相信他居然進了天堂。起先他還滿頭霧水，後來就接受這個好運，逐一說出自己的願望。想吃最愛的食物，那樣食物便端到了他的面前；想要姿色撩人的美女，那些女人就出現了，死後的生活似乎再沒得挑剔。

連續享受了一段糜爛的生活之後，他的樂趣開始慢慢減少，遊手好閒的日子變得枯燥乏味，於是他要求天使賜給他一份能帶給他挑戰的工作。天使告訴他，他在天堂裡要什麼就能有什麼，但工作機會除外。在毫無挑戰的情況下，這名歹徒愈來愈沮喪。最後，極度絕望的他對天使說，他想離開這裡去「別的地方」；自以為身在天堂的歹徒終於想進地獄了。這時，攝影機鏡頭往前一伸，聚焦在天使臉上，只見他那細緻優雅的五官換上了狡詐猙獰的面目，嘴裡也發出魔鬼般的狂笑聲說：「這裡就是地獄啊。」

這裡是地獄，而享樂主義者卻誤認為是天堂。缺乏長期目標和挑戰的人生是毫無意義的，如果我們一味追求享樂，逃避痛苦，便無法獲得快樂。然而只顧當前享受、渴望尋找某個伊甸園的享樂主義者，卻認為工作就等於痛苦，享受就等於快樂。

有項實驗也證明了「陰陽魔界」這個故事所表達的觀點：心理學家付費給一些大學生，要求他們不做任何事情。換句話說，他們無須工作即可滿足物質需要。經過四到八個小時後，這些學生都感到悶悶不樂，即使不必工作所賺到的錢高於其他工作的收入也不例外。他們需要刺激和挑戰，所以寧願捨棄這份收入不錯的「懶惰」工作，接受其他要求較高、收入較低的差事。

一九九六年，我為一批南非主管舉辦一場領導力講習會，那些主管曾經長期參與種族隔離政策抗議活動。他們向我透露，在那段抗爭時期，他們都有明確的志向和未來目標，生活固然艱辛，有時還有性命之虞，卻充滿了挑戰和刺激。種族隔離政策廢除後，慶祝活動長達好幾個月，然而狂歡結束後，許多曾經參與抗爭的人漸漸開始覺得無聊、空虛，甚至鬱悶。有些人設法在家庭生活、社區事務、個人工作與嗜好之中找到成就感，有些人經過數年以後依然還在努力尋求方向感。

正向心理學家米哈里（Mihaly Csikszentmihalyi）曾經研究人類同時達到極致表現（peak performance）和極樂感受（peak experience）的心理狀態。他宣稱：「一個人最快樂的時刻，往往發生在他自願努力完成某樣艱難而有意義的工作，將身心能力擴展到極限的時候。」不必奮鬥、盡情享樂的生活不是獲得快樂的良方。美國衛生、教育暨福利部前部長賈德納（John Gardner）指出：「我們活著的目的是為了攀爬，不是為了休息，在山谷和山頂都是如此。」

現在回頭看看提蒙的故事。由於他在追逐各種目標的時候得不到快樂，因此決定及時行樂，結果酗酒和吸毒的情況日益增加，而且陷入逢場作戲、只求爽快的感情關係。此外，他還延長休假時間，利用閒暇做日光浴，陶醉在無所事事的生活，全然不為明天煩惱。有段時期，他以為自己很快樂，但正如「陰陽魔界」裡的那名歹徒，很快就覺得既無聊也不快樂了。

虛無主義型

本書提到的虛無主義者，是指放棄追求快樂、覺得人生毫無意義的人。如果拚命三郎代表「只考慮未來」的人生態度，享樂主義象徵「只在乎眼前」的人生態度，虛無主義就是「只活在過去」的人生態度。自認現在活得不快樂，將來情況也好不到哪裡去的人，都無法擺脫過去某些不愉快的遭遇。

心理學家賽利格曼曾以「學習而來的無助」（learned helplessness）一詞描述這種甩不掉昔日失敗陰影的慘況。為了研究這種現象，賽利格曼把幾隻小狗分成三組做實驗，第一組先施以電擊，但只要小狗踩一下踏板，電流就會切斷。第二組小狗不管做任何動作，電擊都不會停止。第三組是對照組，不施以電擊。

接著將所有小狗關進幾個電擊箱，但只要牠們跳躍一道矮柵欄，就能輕易逃脫。結果第一組（設法終止電擊的小狗）和第三組（沒有遭受電擊的小狗）立刻跳過柵欄逃走了，無法阻止電擊的第二組卻不想逃跑，只是趴在箱中一邊接受電擊，一邊哀嚎呻吟，這些小狗已從先前的經驗學到了無助。在一項類似的實驗裡，賽利格曼讓受試者聆聽某個響亮刺耳的聲音，第一組受試者可以控制並停止這個噪音，第二組則不行。稍後，當兩組受試者聽到噪音時，只要他們設法關掉那聲音，即可讓噪音消失，結果第二組受試者什麼辦法也不想，他們早就聽天由命，懶得解除這項困擾。

從賽利格曼的研究可以看出我們多麼容易感到無助。當我們得不到想要的結果時，往往會從那個結果衍生一種念頭：我們無法掌控自己的人生，或人生的某些部分，而這種念頭便是絕望的根源。

提蒙在做拚命三郎時活得不快樂，變成享樂主義者之後依然不快樂，當他發現別無選擇以後，便認定自己不可能得到快樂，於是又成為虛無主義者。可是他的子女怎麼辦？他不希望他們過著「忍氣吞聲、自暴自棄」的生活，卻又不知道該怎麼指引他們。他應該教他們為了完成將來的目標忍受現在的痛苦嗎？明知道做拚命三郎很辛苦，怎麼可能如此教育子女？那麼他應該教他們只顧眼前就夠了嗎？他也做不到，因為他太了解虛無主義者的生活何其空虛了。

拚命三郎、享樂主義、虛無主義者都犯了一個謬誤，對於現實情況和快樂真諦，以及享受幸福人生的重要條件都有錯誤解讀。拚命三郎犯了「目標的謬誤」，以為達到某個重要目標就能保持快樂。享樂主義者犯了「短視的謬誤」，以為天天及時行樂，罔顧未來目標，就能長期享有快樂。虛無主義者的謬誤是錯估現實，以為一個人無論怎麼做都得不到快樂，因為他們不了解「追求目標」和「及時行樂」這兩件事可以並行不悖，也是讓人逃出痛苦牢籠的第三種選擇。

快樂開朗型

有位哈佛大學的學生在獲得某知名顧問公司的任用後，曾來徵求我的意見。她告訴我，她對未來的工作沒有興趣，又覺得不能放掉這個機會。別家公司也提供了很多職缺，有些職務雖然是她比較中意的，但都不如目前這份工作那麼「前途無量」。她問我，她要等到哪個人生階段，或哪個年紀，才可以不再考慮前途，開始過快樂的生活。

我告訴她，與其問：「我應該現在就過快樂的日子，還是等以後再說？」不如問：「我要如何讓現在的我和將來的我都活得興高采烈？」

雖說現在的利益和將來的利益有時會發生衝突，因為在某些狀況下，我們必須有所取捨，不過大部分時候還是可能兩者兼顧。比方說，熱愛學習的學生目前得到的好處是發現新概念，將來得到的好處則是將那些概念應用到工作上。談戀愛的時候，有些情侶既能享受兩人共度的甜蜜時光，也能協助彼此成長與發展。每個人不論在商場、醫界，或藝壇從事自己有興趣的工作時，也能一面享受工作樂趣，一面讓事業更上層樓。

話說回來，期望「永遠」活得快樂，只會導致失敗和失望的後果。我們做任何事情的時候，往往無法同時兼顧現在和未來的利益，為了增加來日的收穫，偶爾犧牲一下眼前的利益是值得的，何況每個人難免都會碰上一些平淡無奇的事情，例如為考試K書、為將來儲蓄、當實習醫生、加班趕工，往往不是愉快的經驗，卻有助於我們獲得長期的快樂。關鍵是要記住：做這些事情的目的，還是為了能從事兼顧現在和未來利益的活動，為了累積將來的成果犧牲眼前的利益。

偶爾享樂一番是有好處的，只要不會帶來長期的負面結果（例如吸毒的下場），就能為我們增添活力。冥想、休息、發呆、輕鬆悠閒地躺在海邊、吃完一客漢堡再來一份巧克力聖代，或者看看電視，都能使心情更舒暢。

拚命三郎誤以為達到某個未來目標就能得到長期的快樂，而不重視追求目標的過程；享樂主義者誤以為只有享樂過程才是重要的；虛無主義者不在乎目標與過程，對人生也不抱任何希望。拚命三郎是未來的奴隸；享樂主義者是現在的奴隸；虛無主義者是過去的奴隸。

懂得享受追求重要目標的過程，才能長期保持快樂。登上某座高山的山頂不會使人快樂，漫無目標地繞著山區遊走也不會讓人快樂，爬向山頂的過程才會帶來快樂。

日常練習

四個象限

一些研究顯示，常在日記裡寫下負面和正面的經驗，能促進身心健康。

在連續四天的時間裡，請參考本章附圖的四個象限，每天至少花十五分鐘寫下分屬不同象限的個人經歷。前三天分別描述你曾在何時做過拚命三郎、享樂主義者、虛無主義者，第四天則記錄某一段快樂時光。如果你想多寫一些跟某個象限有關的經歷，悉聽尊便，但每天敘述的內容應該僅限於一個象限的情況。不用擔心詞句是否通順，儘管寫就是了，重點是以文字說出你當時或現在的「心情」、你有過的特殊「行為」（你做了什麼），以及當時和現在的「想法」。

以下是一些相關指示：

▽ **拚命三郎型**：敘述一段你覺得自己好像踩在跑步機上，為了前

途活得像拚命三郎的經歷。當時你這麼做的原因何在？那種生活有什麼好處？曾經付出何種代價？

▽**享樂主義型**：描述一段你成為享樂主義者，或尋歡作樂的經驗，那種生活有什麼好處？曾經付出何種代價？

▽**虛無主義型**：寫下一段你覺得心靈空虛、坐困愁城，或是徬徨無助的不愉快經驗，說出你最深刻的感受和想法，包括當時的經歷及現有的感受和想法。

▽ **快樂開朗型**：訴說一段你覺得快樂無比的時光或特殊經驗，想像自己回到那段時光的情景，試著重新體驗那些感受，然後把它們寫下來。

不管寫些什麼，僅供自己參考即可。如果寫完之後決定拿給親近的人分享，當然也無不可。最重要的是，做這項練習不要有所顧忌，心態愈開放，得到的好處也愈多。

在描述虛無主義型和快樂開朗型這兩個象限的情況時，至少要多練習兩回。在重做這道練習時，可寫出相同或不同的經驗。將來也要定期複習整套練習，不管是三個月做一次，一年做一次，或每兩年做一次都可以。

日常練習

快樂冥想

班森（Herbert Benson）、卡巴金（Jon Kabat-Zin）及戴維森（Richard Davidson）等人的研究透露，經常冥想能加強快樂的感受。

現在就開始冥想吧！找個安靜的場所，盤腿坐在椅子或地板上，將背部和頸部挺直，保持舒服的姿勢，眼睛可張可閉。用鼻子和嘴巴深呼吸，每次吸氣都要氣沉丹田，讓腹部脹滿空氣，再從鼻子和嘴巴徐徐吐氣，如此即可達到入定狀態。

用心覺察身體狀況，如果感到某個部位特別緊繃，就直接將吸入的空氣導引至那個部位，以達放鬆之效，然後至少花五分鐘（或者二十分鐘）專心而緩慢地深呼吸。若心有旁騖、心思亂竄，就把注意力重新擺回呼吸上。

繼續深呼吸，專注於某個正面感受。這時可以回想最快樂的時光，例如和親密的人共度，或充滿工作幹勁的時候。用半分鐘到五分鐘重新體驗這些正面感受，讓它們在你的體內發酵。若常做這種練習，就不需要努力回憶某個特殊事件，只要腦海裡想著「快樂」、「平靜」、「愉快」等字眼，便能喚起一些正面感受。

建議你養成冥想的習慣，每天挪出十分鐘到一小時的冥想時間。可選在早上起床、中午用餐之際，或下午某個時段。習慣建立之後，可能只要花一、兩分鐘便能享受冥想的好處。每當你覺得壓力沈重、心情煩躁、只想安靜或放鬆片刻時，就深呼吸幾次，讓自己沈浸在一串串的正面感受中。最好的冥想地點是某個安靜的場所，也可以趁著搭火車、搭捷運、坐計程車，或在辦公桌前進行冥想。

第三章

快樂的定義

快樂是人生的意義和目的，也是全體人類的生存目標。

——亞里斯多德

我們都知道小孩具備了永遠無法滿足的好奇心，只要他們對周遭世界的某個奇妙現象提出疑問，一定打破沙鍋問到底：天空為什麼下雨？海水為什麼跟天空連在一起？水為什麼變成氣體？雲為什麼不會掉下來？……他們不太在意自己的問題能否得到確實的答案，而且在肆無忌憚地提出疑問的時候，都有個固定模式：重複不斷問為什麼。不管某個問題的答案是什麼，小孩肯定會再問一遍：「為什麼？」

不過，有個問題倒是能阻止大人繼續從嘴裡冒出一大串的「為什麼」，而且說出這個問題以後，也不會覺得慚愧或無能，那就是：「你為什麼想得到快樂？」當別人問我們為什麼想得到某樣東西（快樂除外）時，我們總會懷疑那樣東西的重要性而再問一次：「為什麼？」比方說，你為什麼要接受這麼辛苦的訓練？你為什麼想得到這份獎勵？你為什麼想成名致富？你為什麼想要拉風名車、加官晉級、休假一年？

「你為什麼想得到快樂？」這問題的答案既簡單又明確。追求快樂是人類天性，當我們聽到某個問題而回答「因為那樣能讓我快樂」的時候，任何事情都無法挑戰這句理由正當、語氣堅決的答案。快樂是人生最高的目標，也是所有目標最後通往的終點。

十八世紀英國哲學家休姆（David Hume）說：「人類開啟諸業之最大宗旨，乃為謀取幸福安樂，故能創造藝術、扶植科學、制定法律、組織社會。」財富、名聲、讚譽和其他目標的地位皆次於快樂；無論我們擁有物質欲望或社交欲望，都只是達成一項目標的手段，那目標就是：快樂。

快樂與成功之間的互利關係

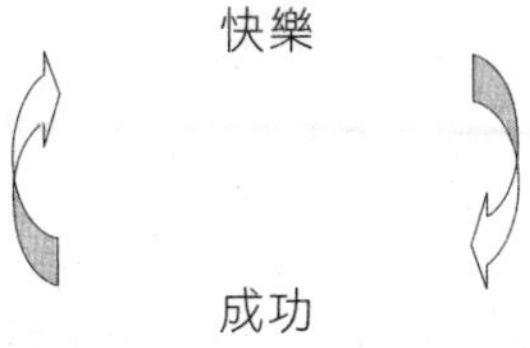

有些人不接受「因為快樂是最高目標，所以應該努力追求」這個觀點，然而不少研究指出，快樂也是獲得更高成就的手段。心理學家魯波摩絲姬（Sonja Lyubomirsky）、金英（Laura King）和戴納（Ed Diener）在評論相關研究時提到：「許多研究都說明了快樂的人在各個生活領域也很成功，包括婚姻、友誼、收入、工作表現、健康等等。」他們也指出，快樂與成功之間存有互利關係：成功（包括工作或愛情方面）能增進快樂，快樂也能促進成功。

快樂的人擁有較好的人際關係，工作幹勁比較強，也比較健康長壽，是值得人人追求的目標。我們可以把快樂看成目標的本身，也可以當做達成其他目標的手段。

快樂開朗型的生活模式

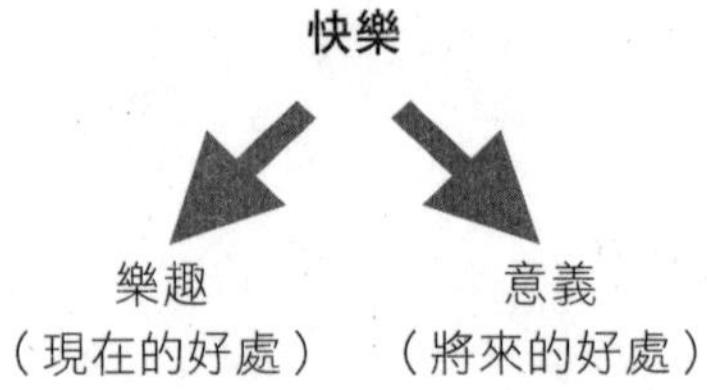

快樂是……

當我們自以為滿足了某個小孩的好奇心，她又會想出別的花樣來，從一再問「為什麼」，變成反覆問「是什麼」和「怎麼樣」。而「快樂是什麼？」以及「怎麼樣才能得到快樂？」這兩問題的答案就比較複雜了。

我為快樂下的定義是：「大體上能從生活中體會到樂趣和意義的一種感受」。快樂的人在擁有正面情緒的同時，也覺得人生充滿意義。這個定義不是指某一特定時刻的感受，而是諸多心理感受的總和。有時候，人在遭遇痛苦之際，整體而言仍有快樂的感覺。

快樂開朗型的生活模式便符合這個定義，其中「樂趣」是指我們目前感受到的正面情緒，代表現在擁有的好處；「意義」則伴隨使命感而來，代表所作所為對將來的好處。

何謂樂趣？

在追求各種事物——包括快樂——的過程裡，情緒當然扮演了重要角色。我們很難想像不摻雜任何情緒的生活會是何種情景，一個沒有情緒的機器人，除了缺少七情六欲，生理和認知特徵與人類是一樣的，思考及行為模式也與人類無異。既能討論深奧的哲學問題，遵循複雜的思考邏輯，也能挖水溝、造大樓。

機器人的構造雖然複雜，但缺少各種行為動機，因為最基本的行為動機都是靠情緒催生，而機器人是沒有情緒的。機器人不會有飲食滿足感或飲食需要，也不會餓得肚子發痛或產生飽足感，更不會去尋找食物。如果它也有這方面的生理需求，就會迅速死亡。

假設我們為機器人輸入必須定時吃喝的程式，就算生命還能延續，依然欠缺行為動機或誘因。獲得社會地位、賺大錢、談戀愛這些事情對它來說都沒有差別。

「情緒」引發「行動」，並提供行為「動機」。我們把這幾個字眼湊在一起，是想表明一個重要事實：情緒、行為和動機的關係密不可分。行動（motion）的拉丁文是movere，意指「移動」，而字尾的e是指「離開」。動機（motive）源自拉丁文motivum，意思是「移動的原因」。所以說，情緒會促使人們使用移動的方式以離開不喜歡的狀況，並產生行為動機。

神經學家達馬西歐（Antonio Damasio）舉了個實例說明情緒和動機的關連。達馬西歐的病人愛立特在切除腦部腫瘤後，所有認知能力——包括記憶力、運算力、覺察力和語言能力——都正常如昔，但掌管情緒能力的一部分腦前葉卻在手術過程中受損。愛立特的情況就像沒有情緒的機器人，雖然擁有與正常人一樣的所有生理與認知特徵，但是「包含感覺和情緒在內」的運作系統卻遭到損害。

愛立特的生活從此丕變。手術前，他是快樂成功的已婚律師；手術後，儘管他那顆「理性的大腦」毫無損傷，行為卻讓身邊的人無法忍受。於是妻子棄他而去，並丟了工作，即使找到另外一份工作卻仍然維持不久。最讓人震驚的一點，還是他無動於衷的反應：他已經不在乎自己的感情或事業了。

如果我們沒有情緒，也欠缺行為動機，就不會有任何渴望，對自己的行為、想法和將來的後果也漠不關心。由於情緒是動機的來源，我們追求快樂的動機自然也會受情緒影響。不過，徒有情緒能力還不夠。要想活得快樂，就要體驗正面情緒；感受樂趣，是擁有快樂生活的先決條件。心理學家布蘭登（Nathaniel Branden）說：「對人類而言，尋找樂趣不是奢侈的行為，而是強烈的心理需求。」生活毫無樂趣又經常遭受痛苦，當然不可能活得快樂。

此處所說的感受樂趣，不是指經常處於亢奮或狂喜狀態。人人都有情緒高潮與低潮，但當我們傷心難過——蒙受損失或遭遇挫敗——的時候，照樣能過快樂的生活。事實上，不切實際地期望時時刻刻處於情緒高昂的狀態，必然會換來失望與無力感，繼而出現負面情緒。要活得快樂，沒有必要分分秒秒都保持興奮，也不需要源源不絕地擁有正面情緒。

快樂的人情緒雖有高低起伏，但大體上都能抱著正面心態，其行為動機也多半來自愉快和愛慕之類的正面情緒，而不是氣憤和愧疚之類的負面情緒。他們的生活總是充滿趣味，遭受痛苦則是例外狀況。要活得快樂，就必須了解無論我們可能遭遇什麼樣的厄運、考驗和苦難，大體上依然可以感受到生存的喜悅。

情緒獲得滿足就能活得快樂嗎？擁有正面情緒是保持快樂的充分條件嗎？我們怎麼看待出現「快樂妄想症」的精神病患？又怎麼看待那些服用快樂丸，或天天閒散安逸地躺在沙灘上的人？這些人快樂嗎？答案是否定的，因為擁有正面情緒是保持快樂的必要條件，而非充分條件。

何謂意義？

哈佛大學哲學家諾齊克（Robert Nozick）在《無政府、國家與烏托邦》（*Anarchy, State, and Utopia*）這本書裡提到的一個假想實驗，有助於我們分辨快樂丸服用者和真正快樂的人有何不同感受。諾齊克要我們假想有一種機器能製造「完成精采詩篇、創造世界和平、愛人與被愛的感受」，也能複製我們渴望擁有的各種情緒。這機器會讓我們產生戀愛的感覺，彷彿真的沐浴在愛河裡，而不覺得我們是和機器在一起。換句話說，我們會以為自己在跟真正的情人約會。諾齊克問，假設有機會的話，我們是否願意選擇後半輩子都跟這台機器形影不離？換個說法就是：如果後半輩子都要與這機器長相廝守，我們會快樂嗎？

大多數人的答案顯然是：「不願意。」沒有人希望終生與機器為伍，因為我們除了在乎自己內心的感受，也關心其他事物，認為「只有個人感受才重要」的人並不多見。我們不僅想從某些個人感受中獲得樂趣，也希望那些感受能為我們創造樂趣，而除了正面情緒外，還有其他事物能製造樂趣。

利用機器或毒品逃避某些情緒，形同欺騙行為。假如我們得在機器製造的和平感，以及實際幫助他人所產生的成就感之間做選擇，我們大概都會選擇後者。我們似乎擁有某種渴望體會深刻感受的內在機制，想為某個感受的形成原因冠上意義。希望自己的行為能對周遭世界產生「實質」影響，而不希望這些影響只是個人的「感覺」。

人類的情緒和其他動物沒有太大差異，有些比較高等的動物（例如黑猩猩）也會出現與人類相似的情緒。這絲毫不足為奇，因為如果世界上的生物都沒有情緒或感覺（有些動物的確如此），就會缺乏從事任何活動的原動力，也無法維繫生命，沒有情緒或感覺的動物會像機器人一樣無法動彈。

雖說人類的情緒能力和其他動物相近，但是仍有基本的分野。我們能夠思考某些情緒的由來，正是人類有別於其他動物的一項特徵。我們有能力反省自己的感受、想法和行為，也知道我們有意識、有感覺。此外，我們還具備了靈性。《牛津英語辭典》將「靈性」定義為：「對某個現象的意義具有強烈感受力。」其他動物無法過靈性的生活，也不懂得為牠們的行為尋找意義，只能從那些行為得到快樂或痛苦。

所謂有意義的生活，通常是指我們對生活懷抱某種使命感，然而要找到這種使命感，不只是設定幾個目標就夠了。擁有某些目標、達成那些目標，不能保證一定會產生使命感。為了創造某種使命感，我們還需要為自己建立一些有意義的生活目標。

有些人把名列前茅或坐擁豪宅當成生活目標，卻依然感到空虛。要過有意義的生活，必須自行創造最重視的目標，而不是追尋符合社會標準和大眾期望的目標。當我們真的有了使命感以後，往往會覺得自己找到了人生志業。誠如英國劇作家蕭伯納（George Bernard Shaw）所言：「人生最大的喜悅，就是能善用自己認定的偉大目標。」

不同的人會從不同的事物裡尋找意義。我們可能在開創某個事業、為遊民之家服務、教養兒女、行醫濟世，或製作家具時發現個人志業，重點是要選擇符合個人價值觀與特殊嗜好的目標，不接受順從他人期望的目標。一名基於正當的理由從事金融工作、為自己的工作找到意義和樂趣的投資銀行專員，會比一名因為不當的理由擔任神職的僧侶活得更高尚、更滿足。

理想主義與現實主義

我曾經問一個朋友，他的人生志業是什麼。他告訴我，他從來沒有想過這個問題，也沒有比較崇高的生活目標：「我不是理想主義者，而是現實主義者。」

現實主義者是腳踏實地的人，做任何事都會考慮現實條件；理想主義者是懷抱夢想的人，總是高瞻遠矚，經常思考人生志業和目標。

當我們認為現實主義和理想主義是對立的，擁有理想和美夢是不切實際、與現實脫節的時候，就表示我們接受了某種錯誤的二分法。理想主義者可以說是最務實的人，始終誠實地面對真正的自我。為人生尋找意義是一種天生的需要，如果沒有崇高的目標、志業和理想，便難以發揮所有快樂潛能。雖然我不贊成夢想比行動重要（兩者同等重要），但許多現實主義者（以拚命三郎居多）卻忽略了一項重要事實：擁抱理想才是務實的行為。

擁抱理想就是對人生懷有使命感。然而我們若想活得快樂，只從大處尋找籠統廣泛的生活意義是不夠的，還需要在日常生活裡找尋特定意義。比方說，除了擁有打造幸福家庭，或致力於解放遭受迫害種族之類的概括性目標，我們也需要建立某個與這些目標搭得上關係的具體目標，例如跟子女共進午餐，或著參加示威遊行。我們通常不太容易把某個遠大籠統的目標記掛在心上，而需要更具體明確地知道今天下午、明天，或下星期應該做的事。

文藝復興時期的法國哲學家蒙田（Michel de Montaigne）說：「人類最偉大、最光榮的一項傑作，就是擁有生活目標。」找到某個能提供方向感的生活目標，可為個人行動增添意義。將許多殘缺的生活碎片集合起來，就能創造偉大的生命傑作。一個遠大的目標能將種種個人活動串在一起，彷彿一首交響樂的主題曲串起了一個個音符。一個音符發揮不了太大作用，但如果它是某個共同主題、共同目標的組合元素，就變得深具意義，也富有美感。

潛力與快樂

在思考何種生活對我們最有意義時，也必須考慮我們具有哪些潛能、如何發揮所長。乳牛似乎非常滿足於在牧場上啃食青草的生活，我們卻無法心曠神怡地過著只能滿足生理欲望的日子。在先天潛能驅使下，我們想做更多的事情，善用所有才能。英國哲學家羅素（Bertrand Russell）寫道：「充分運用我們的天生才能與充分了解我們生存的世界，即可獲得真正令人滿足的快樂。」

這不是說，如果一名女性有潛力成為全國最能呼風喚雨的人物，她一定要當上總統或首相才會快樂；如果一名男性有潛力創造成功的事業，他非得要賺到幾百萬美元才會高興。當上總統或成為百萬富翁，是個人潛力的「外在」表徵，而我所討論的是個人潛力的「內在」衡量標準。有潛力當上總統的人可能是個快樂爽朗的古梵文學家，有潛力成為百萬富翁的人可能是個生活充實的新聞記者，只要他們打從心底認為自己正在從事能夠挑戰自我、盡展所長的工作，就會獲得滿足感。

成功與快樂

有些人或許會擔心一件事：把追求意義和樂趣看得比榮譽和財富重要，說不定會犧牲個人成就。比方說，如果得高分和進入一流機構服務不再成為一名學生力爭上游的強烈動機，他是否會不在乎課業？假使升遷與加薪不再是職場最重要的工作動力，員工賣命工作的時間是否會減少？

在準備展開追求快樂的行動之初，我也曾有過類似的疑慮。由於遵守「不勞則無獲」這句格言使我得到了不少成就，我很擔心自己的奮鬥意志會軟化，對邁入人生下個里程碑失去興趣，不再像拚命三郎時期那麼衝勁十足，但實際情況正好相反。

從拚命三郎變成追求快樂的人，不代表工作量減少，或努力參與正當活動——對現在或將來都有好處的活動——的熱情降低。同樣道理，放棄享樂而去追求真正的快樂，也不見得一定會減少生活樂趣。兩者的區別在於快樂開朗的人所得到的樂趣是持久的，享樂主義者獲得的樂趣是短暫的。快樂的人藐視「不勞則無獲」這套公式，而能盡情享受追求快樂的過程，為自己篤信的目標奉獻心力，最後也會得到更好的結果。

尋找意義和樂趣

只懂得尋求樂趣，無法得到快樂；一味追求使命感，也得不到快樂。假使為某個行動找到了意義，如果這項行動無法滿足當前的欲望，便很難持之以恆。這時就算看到比較光明的遠景，我們的行為動機也只能維持一段時間。如果我像拚命三郎一樣總是不願立即滿足欲望，大部分時候也肯定不會覺得快樂。

奧地利心理治療大師法蘭可（Viktor Frankl）在《意義的追尋》（*Man's Search for Meaning*）這本書裡，描寫了納粹屠殺猶太人期間的倖存者如何尋找生存意義。這些人雖然在集中營裡遭受身心凌虐，卻在枯燥貧乏的生活裡找到生存意義和目標：可能是與親人團圓，或有朝一日寫下他們的經歷。但如果說這些人在集中營裡過得很快樂，就是無稽之談了。要活得快樂，只找到生存意義是不夠的，還需要體會生存意義和正面情緒，並且兼顧現在和未來的利益。

我的快樂理論取材於佛洛伊德與法蘭可的著作，佛洛伊德的享樂理論指出，我們的行為動機來自享樂的本能需求；法蘭可主張，追求意義而非追求享樂的意願，才是我們的行為動機來源。他說：「努力尋找人生意義，是人類行為動機的主要驅動力。」就追求快樂的動機來看，佛洛伊德與法蘭可的理論都有道理。想要擁有幸福快樂的生活，便需要同時滿足追求生活樂趣和生活意義的欲望。

有人常批評美國是個迷戀快樂的社會，因為許多自助書籍都在提供輕鬆速成的生活妙方，並且總是銷售一空；心理治療師一看到病患出現情緒不安的症狀，便立即開具藥方。這種批評固然有理，卻是指鹿為馬；美國迷戀的是享樂，不是快樂。

這個隨處可見速成方法的先進國家不但未將大眾的長期利益納入考量，也對一般人尋找人生意義的欲望視而不見。真正的快樂總會摻雜某些不安的情緒和痛苦的感受，這些情緒和感受正是那些自助書籍和醫師處方試圖防堵的。我們先得克服某些心理障礙，方能得到快樂。法蘭可說：「一個人其實不需要隨時隨地處於毫無壓力的狀態，而需要為某個重要目標努力奮鬥；不需要不計代價地擺脫壓力，而需要聽從某個等待實現的潛在意義對他的召喚。」隨著心理治療技術的進步，願意服用藥物的人似乎愈來愈多。雖然許多心理治療個案採用的藥物確實有效，也有服用必要，但我還是認為這種藥物能不用則免，因為使用藥物最大的風險是：喪失奮鬥意志和生活意義。

我們還要記住一點：經歷過風吹雨打更能增進享樂的能力，不至於將生活樂趣視為理所當然，而會提醒自己對大大小小的趣事都要心存感謝。這種感謝方式本身就很有意義和樂趣。生活樂趣和生活意義能產生綜效，現在的利益與將來的利益亦然。當我們從個人活動中找到使命感，快樂的感受便隨之增強；在某項活動中得到樂趣，也會讓我們覺得意義非凡。

質與量

我們都喜歡從不同的活動裡尋找或大或小的意義。比方說，寫作使我能兼顧現在和未來的利益，但每天振筆疾書超過三小時，也會感到乏味。一星期看兩場電影能帶給我快樂，但每天看四個鐘頭電視的習慣持續一段時間後，很可能意志消沈。一項活動使我們覺得有意義、有樂趣，並不表示常做那件事能為我們製造快樂。

為了增加食物變化，不再只吃漢堡，我引用了所謂的「義大利寬扁麵原則」。也就是說，我們從不同的活動中得到的樂趣是有限而獨特的。義大利寬扁麵是我偏愛的食物，每次我去探望雙親，家母都會為我煮上一盤，我總是立刻狼吞虎嚥地吃下肚，然而這並不表示我整天或每天都想吃。同樣原則也可應用在我喜愛的活動（例如寫作和看電影）及人物身上。雖然家人在我的生活裡佔有極重要的地位，但不代表每天與家人共度八小時會使我成為最快樂的人；我不希望自己醒著的時刻都跟家人攪和在一起，這不意味著我對他們的愛減少了。我和別人相處的時候雖然能得到不少樂趣和意義，但也需要一段獨處時光。尋找適當的活動，然後為每項活動分配適量的時間，才能創造高品質的生活。

增進快樂最好的方法，就是嘗試與犯錯，還要注意心情的起伏變化。然而，大多數人都沒有花時間問問自己：怎麼樣才能活得快樂？因為大家都太忙了。梭羅說得有理：「人生太過短促，不該匆忙度過。」如果我們總是活得像在打轉兒的陀螺，就會被馬不停蹄的生活牽著鼻子走，沒有給自己保留創造快樂的空間。

美國人本心理學大師馬斯洛（Abraham Maslow）主張，一個人「很難為人生做明智的選擇，除非他在活著的每一刻都能勇敢地傾聽自己真正的想法。」留些時間傾聽自己的心聲很重要，為了做出正確選擇，不妨問自己下面幾個問題：我現在做的事情對我有意義嗎？那些事情有樂趣嗎？我的腦子一直在告訴我：我應該善用自己的時間做別的事嗎？我的心裡則不斷地說：我必須改變生活嗎？我們應該認真聽從心與腦，也就是感情與理智的指示。

日常練習

記錄日常活動

我們很難用數字表達頭腦與心理的內在情況，但可以用快樂的程度來評量生活，從中得知如何才能活得更快樂。首先，記錄每天的活動，再根據這些活動有多少樂趣和意義來為它們評分。

每天晚上撥出幾分鐘思考和記錄自己運用時間的方式，能幫助我們看出重要的生活模式。比方說，我們可能發現大部分時間都在從事將來對我們有利，而現在並不喜歡的活動，或者是在完成毫無意義也沒有趣味的事情。接著，依據快樂程度來評量生活，然後決定多增加一些有意義也有樂趣的活動。

有些基本原則（例如追求意義和樂趣）雖然能引導我們走向快樂的生活，但並非放諸四海皆準，因為人類天生具有複雜性、多面性和差異性，每個人都是獨一無二，自成一體。只要詳細觀察自己的日常活動，便能撇開一般性的生活原則，發現自己特有的生活需求和欲望。

用一、兩週時間記錄日常活動，把運用時間（例如花半個鐘頭寫電子郵件、花兩小時看電視等等）的情形寫下來。這份紀錄應該可以讓你大致了解日常活動的狀況。

利用週末製作一份表格，列出每項活動的名稱、每項活動佔用的時間，以及每項活動為你帶來多少意義和樂趣（最後這部分可列出一到五個等級，一表示毫無意義或毫無樂趣，五表示極有意義或極有樂趣）。記下各項活動消耗的時間以後，順便在旁邊註明你願意增加還是減少該項活動的時間。若想增加時間，就在時數旁邊寫上「＋」；若想增加很多時間，則寫上「＋＋」。如果你想減少該項活動的時間，就在時數旁邊寫上「－」；如果想大量減少時間，則寫上「－－」。假如你很滿意自己為某項特定活動投入的時間，或者目前你不可能改變從事該項活動的時間，就在一旁劃上「＝」。上頁表格是這類表格的局部範例。

活動名稱	意義	樂趣	每週佔用時間
陪伴家人	5	4	2.2 小時＋＋
工作會議	4	2	11 小時＝
觀賞電視	2	3	8.5 小時－

活動名稱	意義	樂趣	每週佔用時間

日常練習

誠實面對自我

列出你認為最有意義、最有樂趣、最令你感到快樂的事情，包括家庭活動、運動、鼓吹世界人權、聽音樂等等。

在列舉的每個項目旁邊，記下你每星期或每個月為該項活動付出了多少時間。根據所列的項目，問自己是否正在履行最重視的價值觀。例如是否與配偶子女共度優質時光？是否每週運動三次？是否積極參與人權組織？是否撥時間在家聽音樂及參加音樂會？

這項練習能使你看清生活面貌，幫助判斷自己的價值觀和生活型態是否一致。這也涉及誠實與否的問題，愈誠實會愈快樂。由於我們往往看不見自我言行矛盾之處，所以找個了解你、關心你、願意協助你誠實評判個人生活的人一起做這練習，可能對你大有助益。

我們選擇把多少時間奉獻給最珍惜的人、事、物，端看個人喜好及可用時間而定。我很重視家人，並不表示我需要重新把追求個人嗜好的時間全部分配給他們；如此我才能做到表裡如一，得到更大的快樂（還記得「義大利寬扁麵原則」吧）。為了讓全家溫飽而必須兼兩份差的人，即使只能花少量時間陪子女玩耍，依然是在實踐他最重視的價值觀。

不過，我們常被自己多少能夠掌控的內在與外在力量（例如個人的習性與恐懼，以及他人的期望）拖累，以至於無法享受更快樂的生活。時間是有限的資源，我們可能需要放棄某些次要活動，才能參與重要活動；先拒絕某些機會，始能接受對我們比較有利的機會。

請按時重做這項練習。改變自我，尤其是改變根深柢固的習慣與行為，並不容易。重要的是，先把參與的活動變成習慣。除了定期從事你想加入的活動，還要保留一些時間不做某些事情。比方說，如果可行的話，每天空出幾小時不要上網。上網時間增加、每隔幾分鐘查看電子郵件，會剝奪生產力和創造力，最終還會降低我們的快樂程度。此外，也可以安排一段不接電話或不參加會議的時間，以便專心做其他事情，不管是完成手邊工作或與朋友聚會都好。

第四章

快樂是終極貨幣

往事前塵皆不足道，心靈感受勝於一切。

——美國詩人及哲學家愛默生

柯琳思（Marva Collins）是芝加哥市區一所學校的老師，當地治安敗壞、毒品氾濫，是個前景堪憂的地方。由於社會問題層出不窮，早已病入膏肓，老師們都不太相信學生有能力擺脫代代相傳的貧窮與絕望。

一九七五年，柯琳思為社區裡的孩子創辦了西城預校（Westside Preparatory School）。許多曾因行為不良、能力不足等理由，遭到其他學校拒收，無法融入正常教育體系的孩子，西城預校則為他們敞開大門，使他們不至於淪落街頭。

西城預校那群曾被貼上「無法管教」標籤的孩子到了四年級時，已能閱讀莎士比亞、愛默生，以及希臘悲劇作家尤里皮蒂茲（Euripides）的作品，有些一度被老師打上「無可救藥」評語的孩子，後來甚至進了大學。柯琳思的學生將她的願景——每個學生都有成功的潛力——化為自己的志向，不但建立了自信，也能憧憬和邁向更美好的未來。

柯琳思以微薄的經費興學，創校之初曾把自己的家充當教室。往後二十年間，她總是在跟財務奮戰，經常面臨撤校窘境。如今她創辦的學校分布在美國好幾個州，世界各地教育人士經常前往芝加哥拜會，除了學習她的教育方法，也得到她的心靈感召。柯琳思的經驗使我們深深體會到「以快樂為最高目標」這句話的涵意。她說當她「看到身邊那些掌管資金雄厚的公司、累積了龐大財富的企業家」，她經常自問：為什麼想當老師？直到想起一名學生的遭遇，才終於找到了答案：

蒂芬妮是個從未開口講過話的自閉兒，專家們都說，她是個不可愛也不可教的小孩。我抱著堅定的決心和無比的耐心教導她，對她付出大量的愛心，也時常為她禱告。有一天，蒂芬妮終於對我說出她的第一句話：「歐老師，我愛你。」雖然她把我的姓氏念錯了（是「柯老師」，不是「歐老師」），但我還是被這句話感動得淚如泉湧，也領悟到我是世界上最富有的女人。今天，我看到蒂芬妮會寫數字，會認單字，還會說話。最重要的是，我從她愉快的眼神中看到她想表達的意念：「我也很特別，我也會學習。」對我來說，這比得到一整座金礦還值得。

另外一位學生也因為西城預校改變了人生，柯琳思在回憶錄裡寫道：「當我看到他眼裡閃爍著希望的光芒時，忽然覺得自己為了平衡財務赤字傷透腦筋、輾轉難眠的那些夜晚都沒有白費了。」

一九八〇年代，柯琳思曾有機會接受雷根及布希政府的徵召，擔任教育部長，享受應有的榮譽和聲望，而她卻熱愛教書，認為自己在教室裡才能發揮最大的影響力。教學工作為她賦予了其他行業無法提供的人生意義，使她得到再多財富都買不到的心靈滿足，因而覺得自己是「世界上最富有的女人」。這一切都是因為快樂才是「終極貨幣」，名利則不是。

名利是快樂的附屬品

如果想評估某個企業的身價，我們會用金錢來衡量，算出這家企業的資產與負債、利潤與損失的現金價值。凡是可以轉換成金融術語的東西，都能抬高或壓低這家公司的身價，所以金錢是衡量一家公司擁有多少價值的終極貨幣。人類也和企業一樣有得有失，但衡量人類價值的終極貨幣不是金錢，也不是名聲、財富、權力這些外在標準，而應當是「快樂」。

名與利都是快樂的附屬品，本身毫無價值。大家熱中名利的唯一理由，或許是擁有名利或覬覦名利能讓自己產生正面情緒，找到生活意義。既然名利本身不具任何價值，不能提供某種快樂，人們便沒有理由追逐名利。企業資產是金錢的附屬品，價值是以幾元幾角來估算；在日常生活裡，名與利都是快樂的附屬品。

我們可以透過各種方式來理解「快樂是終極貨幣」的概念。一個極端的例子是，假設有人要我們在一百萬美鈔以及跟朋友聊天這兩者間做選擇，我們應該會挑選能為我們提供更多快樂的那一項。如果跟朋友聊天比一百萬美鈔更能讓我們感到滿足而有意義，那麼我們應該會選擇聊天。若以終極貨幣——快樂，做為人生價值的衡量標準，選擇與朋友相處的終極獲益會較實際金錢多。

權衡聊天和鈔票的價值，就像拿蘋果跟橘子做比較，似乎沒什麼意義。但如果將鈔票、聊天，或其他事物轉換成快樂貨幣，藉此衡量某樣事物能帶給我們多大的快樂，我們就擁有了一樣共通貨幣，可以比較一些表面看來不相干的經驗。

要在鈔票和聊天間做選擇，當然不是個簡單的決定。為了做明智的抉擇，只提出「因為我們比較喜歡跟朋友聊天，所以應該放棄百萬美鈔」這種理由是不夠的。百萬美鈔能提供未來的保障，預防將來的後患，還能讓我們有機會自由地從事有意義的工作。不過，假如在考量過所有情況後發現聊天能產生更多的樂趣和意義，我們終究還是會認為聊天的價值大於百萬美鈔。瑞士心理學大師榮格（Carl Gustav Jung）說得好：「有意義的小事比無意義的大事更有價值。」

下面是個假想情節：一名來自金星的外星人走進地球的一家商店，買了一樣價值一千美元的東西，然後讓店東選擇兩種付款工具：一千元美鈔，或一張相當於美金一百萬元的金星鈔票。店東知道他永遠不會去金星，金星紙幣在地球上毫無用處，除非他覺得這種錢幣具有保存價值，否則他還是應該選擇一千元美鈔。金星貨幣只有在它可以兌換成地球接受的等值貨幣時，才具有價值。

同樣道理，先前提到的百萬美鈔只有在它可以兌換成人類的終極貨幣（快樂）時，才具有價值。金錢是供企業支用的終極貨幣，快樂則是供人類支用的終極貨幣，兩者都是重要貨幣。快樂應該是決定個人行為的重要因素，也是其他所有目標通達的最後目標。

財富與快樂

財富是指滿足了食衣住行等最基本的生活需要（不是吃魚子醬、住豪宅）以後多餘的錢財，只是達成某個目的的手段。然而，我們往往分不清手段和目的，為了財富（手段）而犧牲快樂（目的）。

當物質財富的地位被抬高，變成最後目的，便容易發生上述情況，也是社會常見的現象。我的意思不是說累積和創造物質財富是不對的，物質財富能幫助個人與社會獲得更大的快樂。經濟狀況穩定能使我們擺脫我們覺得毫無意義的工作，也無須擔憂下一次的薪水沒有著落。不過，物質財富本身並沒有價值，只可能為人們帶來比較正面的感受，但不一定能創造生活意義或心靈財富。

一些研究顯示，財富與快樂的關係和大多數人的想像頗有出入。心理學家麥爾斯（David Myers）在一項廣泛的跨文化長期研究中發現，物質財富和快樂之間沒有太大相關性，唯獨基本生活需求得不到滿足的赤貧階級例外。還有一些研究披露，過去五十年來，雖然許多國家的人民都變得更富有了，他們的快樂程度卻不升反降。

專攻心理經濟學的諾貝爾經濟學獎得主卡尼曼（Daniel Kahneman），近幾年來將研究重心轉向「快樂經濟學」，他與同事在做相關研究時也發現，財富和正面情緒間的關聯性不是很強：

大家普遍認為，高收入與好心情有連帶關係，但這多半是一種錯覺。所得高於平均水準的人雖然相當滿意自己的生活，卻不見得比別人更能快樂地享受當下。生活更為緊張，也不會花較多時間從事趣味性較高的活動。另外，個人所得似乎也不能長期左右生活滿意度。我們認為一般人誇大了所得對快樂的貢獻，因為在評量自己或旁人的生活時，只是片面地將注意力放在符合傳統觀念的成就上。

一個不可思議的現象是，有些人一旦獲得了物質財富，竟然比追求財富時期更苦悶。拚命三郎總是期望自己所做的事能為將來創造某些利益，因此較能忍受某些負面情緒，可是當他達到目標後，卻發現擁有物質財富並不能帶來快樂，於是又失去了支撐的力量，充滿了失望的感受，因為他沒有別的期望，也找不到能憧憬未來的目標。

成就卓著卻鬱鬱寡歡，最後染上酒癮、毒癮的人不計其數，「成功」反而讓他們更不快樂。夢想成真以前固然不快樂，但是鍥而不捨的力量往往來自「只要實現夢想就能得到快樂」的信念，當完成目標以後，期望中的目標就不復存在了。大多數人在自我的理想——希望財富與地位能提供永久的快樂——幻滅以後，便卡在「現在該怎麼辦？」這個問題上。他們發現，過去一切的努力和犧牲並沒有換來終極貨幣，於是陷入學習而來的無助，只感到空虛茫然，以為任何事情都不可能讓他們得到快樂。為了脫離不快樂的處境，他們經常採取一些另類手段。

既然物質財富不能製造快樂，為何還要死守著它不放？為什麼大家常把追逐財富看得比追求意義重要？為什麼我們比較喜歡依照物質標準而不是心理狀態來做決定？

若從演化角度看，我們現在的行為其來有自，可以溯及遠古時代。當人類還過著狩獵與採集生活時，財富——主要是食物——的聚集往往可以決定我們能否安然度過下一場旱季與寒冬，囤積財物遂成為人類一部分的天性。直到今天，有些人即使物質生活獲得了保障，依然保有囤積過多物資的傾向。累積財富不再是生存的手段，而成為一個目的。我們不再為了生存而聚財，是為了聚財而生存。

在做決定和判斷時，我們也習慣將注意力擺在物質層面而非情感層面，因為物質可以計量，比較容易估算價值。所以我們比較重視可以評量的事物（財富和名氣），而輕忽不可評量的事物（情感與意義）。

以物質為重的世界崇拜多金的男女，有錢人因為家財萬貫而受到尊敬；資產淨值成為衡量某個人富有程度的最佳工具；學術圈的升等標準是出版品數量，我們也常依照生產力和工作量來評定工作價值。《禪學與謀生藝術》（*Zen and the Art of Making a Living*）這本書的作者柏德（Laurence G. Boldt）說：「社會告訴我們，物質才是最重要的，能夠計算的東西才靠得住。」一棟房子的金錢價值可以計算，我們對這棟房子的感情卻難以衡量。莎士比亞劇本《哈姆雷特》在書店裡大概值一〇美元，然而在我們心目中的意義卻是無法估算。

情緒破產

我們雖然累積了可觀的物質財富，但是最重要的財寶——終極貨幣，卻瀕臨破產邊緣。企業可能破產，人也可能破產。為了解決財務困境，企業需要創造利潤，使收入大於支出；而在評量個人生活時，我們可將正面感受看成收入，將負面感受看成支出。當正面感受多於負面感受時，終極貨幣就有進帳。陷入長期憂鬱時則可視為情緒破產，因為負面感受（虧損）延續的時間和強度，都超過正面感受（收入）。

只要個人破產的情況持續增加，整個社會也將面臨經濟大蕭條的結果。當焦慮症和憂鬱症發生的頻率不斷上升，社會也將走向情緒破產。因此，儘管我們在科技發展和財富累積方面有了長足進步，情緒狀態卻在急速倒退。美國有近三分之一青少年罹患憂鬱症；美洲、歐洲、澳洲與亞洲各國的研究也指出，現代兒童比上一代兒童更常感到焦慮和憂鬱，而且這趨勢跨越了種族和社經地位的界線。

高曼（Daniel Goleman）在《EQ》（*Emotional Intelligence*）這本

書裡強調：「從二十世紀開始，全球每個新世代的生存風險已經高於父母輩，他們在人生的過程裡總會罹患某種嚴重的憂鬱症，同時出現悲傷、麻木、消沈、自憐、徹底絕望的感受。」這段話道出了情緒破產已然成為大家司空見慣的社會現象，而高曼描述的那種「徹底絕望的感受」，則是肇因於我們認為自己無力掙脫個人或全世界都在面臨的心理匱乏狀態。

根據高曼的看法，「焦慮的年代」是二十世紀的寫照，如今又演變成「憂鬱的年代」。法蘭可在《意義的追尋》裡宣稱：「存在的真空（existential vacuum）是二十世紀的普遍現象。」他很感嘆在他教導的學生裡面，有四分之一歐洲學生和六成美國學生覺得自己活在「存在的真空」裡，也就是陷入「心靈空虛、失去自我」的狀態。

今天的局勢比法蘭可在一九五〇年代完成該書時的情況更糟，一項針對大學新生舉行的後期研究或許有助於解釋原因。一九六八年，當一群大學新鮮人被問到擁有哪些個人目標時，四一％的人希望發大財，八三％的人想要培養有意義的人生觀。到了一九九七年，大一新生的態度有了明顯的轉變，以致富為目標者佔七五％，希望培養有意義的人生觀的人則佔四一％。由於把發財致富當成人生目標的人變多了，社會上不快樂的人遂與之俱增，整個社會也接近情緒破產的邊緣。

情緒破產製造了一些令人棘手的社會問題，包括吸毒、酗酒和宗教狂熱，所以我們不難理解：為什麼不快樂的人會因為接觸毒品能暫時逃避現實而去吸毒；為什麼有些人願意去投靠具有群眾魅力、宣揚來世幸福生活的牧師。

快樂不是一項奢侈品，也不是一旦解決了所有個人問題和社會問題就能買到的東西。提高終極貨幣的價值能改善個人生活品質，將世界變得更美好、更安定。

日常練習

句子接龍習作

「句子接龍」是由大家公認為「自尊運動」（self-esteem movement）之父的心理治療師布蘭登設計出來的心理輔導技巧。這個簡單的技巧要求練習者在某個未完成的句子後頭加上各式各樣的結尾，幫助大家產生一些構想，為個人生活帶來有意義的改變。

做這練習須遵守下列規則：先在最短時間之內替未完成的句子想出至少六個（愈多愈好）結尾。你可以把想到的內容用紙筆寫下來，或用錄音機錄起來。答案無所謂對錯，有些甚至可能相互矛盾，暫且先放下批判的念頭，稍後再做思考，做答期間不需要思考。做答完畢之後檢查一遍答案，看看自己是否想到任何重要概念，你也許要經過幾番嘗試才能產生某個想法。

如果確實有了新的想法，就付諸行動。你可能會在有意或無意之間因為這項練習而改變行為，但若能刻意地採取行動，收效會更大。

下列例句是一個不完整的句子可能出現的七種完成結果：「如果我多留意一下我的生活，______。」

▽我就知道老是對別人有求必應的代價。

▽我以後再也無法逃避困難。

▽我會更感謝我的家人。

▽我會更珍惜我的人生。

▽事情可能變得更麻煩。

▽我會更常陪伴家人。

▽我會更加善待員工。

下面幾句話直接摘自布蘭登的著作：

▽如果我多留意一下我的生活，______。

▽讓我快樂的事情有，______。

▽如果我希望活得更快樂一點，______。

▽如果我願意為了滿足我的欲望多負些責任，______。

▽如果我更誠實一點，______。

▽如果我能做到「想說好就說好，想說不就說不」，＿＿＿＿＿＿。

▽如果我下定決心去追求快樂，＿＿＿＿＿＿。

▽如果我能察覺，＿＿＿＿＿＿＿＿＿＿。

利用這些句子多做幾次練習，你可以連續兩週每天做一次，或者連續半年每週做一次，也可以一口氣完成所有句子，或者一次只完成一、兩句。如果有些句子特別能引起你的共鳴，讓你覺得很受用，就反覆練習。

日常練習　更改活動內容

參考你為第三章的日常練習製作的表格內容，然後根據蒐集到的資料擬出一週的理想活動。只要想得出有興趣的活動，參與機率就會提高。

如果你想多花些時間（例如一星期八小時）陪伴家人，請寫下這個想法；如果你想少看些電視，就將心目中的理想時數寫下來。做這道練習應該儘量顧及現實需要，雖然你希望每星期能花二十個小時閱讀小說和觀賞戲劇，卻沒有理由疏忽其他的義務。

你想從事哪些能為你帶來更多樂趣的活動？每星期看一次電影、花四個小時追求個人嗜好，或出門逛街三次，能讓你更快樂嗎？

如果你有許多牽絆，無法大刀闊斧地改變現況，就要善用手邊資源。想想看，哪些短期活動能為你提供立即和長期的好處？假設每天通勤一小時既沒有樂趣又無法逃避，就試著為這件事創造意義和樂趣。例如在開車時聆聽有聲書或喜歡的音樂，也可以改搭火車或捷運，利用通車時間看看書。再提醒一次：記得把你想要加入的活動變成習慣性的活動。

定期（大約每年一次）重做這項練習和第三章的「記錄日常活動」練習，觀察自己的進步狀況、想加強改善的領域，以及調整過優先次序的活動，以便修改活動紀錄。

活動名稱	意義	樂趣	每週佔用時間

第五章

設定目標

被動地置身於為所欲為的環境所擁有的快樂，比不上參與重要活動和逐步完成個人目標所得到的快樂。

——美國心理學家麥爾斯與戴納

我從十六歲那年開始，才慎重其事地踏上追求快樂的旅程。當時我以為，只要達到無欲的狀態，沒有任何期許、渴望和目標，就能擁有真正的快樂。過去我想追求的目標（例如贏得比賽冠軍），不僅無法為我增強快樂的感受，反而令我苦不堪言、情緒破產。過了好些年以後，我才明白問題不在我有沒有目標或欲望，而在我有哪幾類目標，以及那些目標在我生活裡扮演的角色。

如今，我的想法改變了，我認為設定目標才是擁有快樂生活不可或缺的條件。為了得到快樂，我們應該先找到某些兼具樂趣和意義的目標，再去追求那些目標。不過，在探討目標和快樂之間的關係以前，我們先得思考設定目標與個人成就之間有何瓜葛。

目標與成就

有目標者的成功機率大於無目標者。擁有挑戰自我、具體明確——完成期限和執行標準都很清楚——的目標，能創造較高的成就。設定目標就是寫下文字承諾，這些文字可以開啟更美好的未來。

心理學是透過語言研究、宗教故事和大眾經驗來證實目標與成就的關係。概念（concept）與構思（conceive）這兩個詞彙間的語源關係不是偶然形成的，我們可以透過某些概念和語言來構思、創造新的現況。《舊約聖經》記載，上帝用語言創造世界：「祂說要有光，就有了光。」「約翰福音」第一句話則是：「太初有道。」美國宣布獨立的時候，也有一套立國目標、宗旨和價值觀。

設定目標，就是向自己和他人傳達我們有能力跨越某些障礙的信念。假設人生是一段旅程，你扛著背包往前走，一路上進展得十分順利，卻突然被一道磚牆擋住去路，到不了目的地，這時該怎麼辦？是掉頭離去，避開那道障礙豎起的挑戰？還是反其道而行，把背包扔過牆頭，下定決心設法通過、繞過，或跨過那道磚牆？

愛迪生曾在一八七九年宣稱，儘管當時他的實驗全部泡湯，他依然打定主意要在十二月三十一日那天公開展示新發明的燈泡。後來他果然把「背包扔過了橫亙在眼前的磚牆」（意指他所面對的諸多挑戰），終於在一八七九年的最後一天將燈泡展現在世人面前。甘迺迪總統於一九六二年向世人宣告，美國將在六〇年代結束前把人類送上月球，當時美國尚未發明完成這趟月球之旅必備的金屬和技術，甘迺迪依然將他以及美國太空總署的背包扔過了牆頭，實踐了他的諾言。當我們許下豪氣干雲或振奮人心的口頭承諾以後，雖然不能保證一定到得了目的地，卻能提高成功的可能性。

蘇格蘭登山家莫瑞（William H. Murray）在《蘇格蘭喜馬拉雅山遠征隊》（*The Scottish Himalaya Expedition*）這本書裡提到了勇於邁向目標的好處：

> 一個人在立下志向以前，總會出現猶豫、退縮、無所適從的情況。所有創舉（和創意）的背後，都存在一個基本事實，忽略這個事實，將扼殺無數的構想和精采的計劃。那就是：從一個人立定志向那一刻開始，上天的庇佑便接踵而至，原本不會發生的各種好處都會降臨在他身上。一連串的事件和意想不到的多種巧合、機緣和物力，也因為這個決定而出現。我最敬佩德國詩人歌德的一句話：「無論你擁有何種才華與夢想，都要勇於展開行動！勇氣是智力、神力和威力的化身。」

有了明確的目標或志向，我們就會將注意力放在那個目標，也會找到完成目標的途徑。目標可以簡單（例如買一台電腦），也可以複雜（例如攀登埃佛勒斯峰）。心理學家告訴我們，有信心便能實現未來的目標。當我們立定志向，將背包扔過牆頭，就是在展露自信和締造未來成就的能力。我們可以創造現實，而不是迎合現實。

目標與快樂

雖然實證研究和名人事蹟在在顯示，設定目標和個人成就間確實有關聯，但目標與快樂之間就比較沒有直接關係。常識告訴我們，實現目標即可得到快樂，然而過去數十年的研究結論，卻在動搖我們共同持有的一個觀念：完成既定目標能使人產生極大的滿足感，無法達成特定目標則會令人大失所望。事實上，滿足和失望的感覺通常很快就會消失。

心理學家布里克曼（Philip Brickman）及其同事曾以研究人們中了樂透彩以後的快樂程度來說明這點。他們發現，那些樂透彩贏家在短短一個月內就會恢復原有的快樂程度；如果中獎前活得不快樂，中獎一個月後又會故態復萌。另一種更令人訝異的情況是，半身癱瘓的車禍受傷者通常在意外發生後的一年之內，又過得和事發前一樣快樂。

心理學家吉爾伯特（Daniel Gilbert）擴大這些研究的範圍，指出大多數人都不擅長預知未來的情緒狀況。我們總以為添購新居、獲得升遷、發表文章能使我們快樂，然而這些成就其實只能讓我們感到一時的興奮。同樣情況也適用於負面感受，失戀、失業，或失去政治候選人資格所帶來的痛苦不會持續太久，我們在很短的時間之內，便能恢復從前那種快樂或不快樂的程度。

上述研究對我們固守「達成目標能使我們快樂」的觀念構成挑戰，也為我們提供了好消息和壞消息。好消息是：可以減少為前途擔憂的情況，更能勇於逐夢。壞消息是：我們會認為成功與否似乎差別不大，這麼一來，追求目標和快樂就顯得毫無意義，我們也會像美國演員比爾莫瑞（Bill Murray）在「今天暫時停止」（Groundhog Day）這部電影裡飾演的主角，每天過著千篇一律的生活。或者像希臘神話裡那名因為貪婪而受到天神懲罰的國王薛西弗斯（Sisyphus），永無休止地將不斷自山上滾落的巨石推向山頂。

那麼，我們是否只能選擇繼續保持錯覺（以為達到目標就能使我們更快樂），或面對殘酷事實（以為不管我們怎麼做都不會活得更快樂）？答案是「否」。我們或許還有另一種選擇，但是必須先理解目標與過程、終點與旅程間的正確關係才能做到。了解這層關係以後，目標就能帶領我們步入更高的快樂境界。

目標扮演的角色

普西格（Robert M. Pirsig）在《禪學與機車保養藝術》（*Zen and the Art of Motorcycle Maintenance*）這本書裡，描述了他與一群老禪僧結伴攀登喜馬拉雅山的經歷。普西格是登山隊裡最年輕的成員，卻是爬得最吃力的一位，最後他選擇放棄，那些老禪僧則是毫不費力地順利登頂。

普西格在登山過程裡一心只想完成攻頂目標，卻被綿延不盡的山路打倒，不僅無法享受登山樂趣，也喪失繼續前進的欲望和體力。老禪僧們雖然也想完成登頂壯舉，但目的只是為了繼續往前走，而不是把登頂當成最重要的目標。他們知道自己的方向是正確的，所以能夠全神貫注地享受每個步伐的節奏，沒有被走不完的山路擊退。

目標應當扮演的角色是：讓人毫無牽掛地享受當下。假設沒有確定的目標便踏上旅程，這趟旅程不會有太多樂趣。如果不清楚未來的方向，甚至不知道想去的地方，那麼只要遇到任何岔路，都會發生進退兩難的情況。當我們不知道自己是否願意走到那些岔路的終點，就會認為無論左轉或右轉，似乎都不是恰當的選擇，於是我們無心觀賞周遭的景物和路邊的小花，只是猶豫不安地想著：如果走這條路，會發生什麼事？如果從這兒轉彎，最後會到哪兒？只要腦海裡有個目的地，大概知道自己的行進方向，就能自由自在、聚精會神地享受當下。

我想強調的重點不是「完成」目標，而是「擁有」目標。心理學家華特森（David Watson）在「正面情緒」這篇論文裡也特別提到「過程」的重要性：「當代研究者都強調，努力追求目標的過程，才是擁有快樂和正面情緒的關鍵，而不是完成目標的結果。」設定未來目標的主要用意，是為了增進眼前的快樂。

目標是手段，不是目的。要持續擁有快樂，就需要改變我們對個人目標的期許，不再把目標當作目的（指望完成目標能帶來快樂），而將目標看成手段（追求目標的過程能為我們增添樂趣）。當追求目標的過程能讓我們愉快地陶醉在眼前的時刻，每跨出一步，都會增強快樂的感受。達到目標只能帶給我們一時的快感，追求目標的過程卻能讓我們體會生存的價值。雖然我主張擁有目標是保持快樂的必要條件，但是光有目標還不夠，必須找到富有意義又充滿樂趣的目標，才能顯著提升快樂層次。

所有兼具意義和樂趣的目標，是否都能創造同等的快樂？比方說，如果我認為取得財富很有意義，聲名遠播讓我快活，結果會怎樣？渴望追求財富、希望受人推崇，畢竟是人類部分的天性，也是大多數人重視的成就，只是程度有別而已。既然如此，難道不應該把求名求利當成邁向快樂人生的重要目標嗎？

心理學家謝爾登（Kennon Sheldon）等人在相關研究裡提出這樣的結論：「希望活得更快樂的人，最好專心追求下面兩樣東西：能得到成長、建立人脈、貢獻所長的目標，而不是獲得財富、美貌和名氣的目標；趣味盎然且意義重大的目標，而不是被迫追求的目標。」謝爾登指出，雖然大多數人都渴望擁有財富、美貌和名氣，有時甚至在外力強迫下逼自己做某些事情，然而只要我們把更多心力轉移到滿足自我的目標上，就能活得更快樂。因此，我們應該更細心體察哪些種類的意義和樂趣可以增強快樂感。

滿足自我的目標

滿足自我的目標，就是我們深信不疑，又或者最感興趣的目標，根據心理學家謝爾登及艾利特（Andrew Elliot）的看法，這些目標都是「符合自我需要」、「個人親自挑選」的。大體而言，一個人在設定滿足自我的目標時，先得確定這些目標是自己想要的選擇，不是別人強迫的；

採取這些目標是為了表現自我，不是為了引人注目。我們追求這類目標的理由，不是因為別人認為我們應該這麼做，或覺得自己有義務這麼做，而是真的想這麼做，因為我們認為這些目標很重要、很有趣。

研究指出，從某些外在利益（社會地位、銀行存款）找到的意義，在本質上有別於我們從某些內在利益（個人成長、人際關係）尋獲的意義。以獲得錢財為主的目標，大都不是滿足自我的目標，因為這些目標多半來自外在而非內在因素。追求財富的動機，通常是為了獲得地位和引人注目。

心理學家凱塞（Tim Kasser）及萊恩（Richard Ryan）在一份名為「美國夢之黑暗面」的研究指出，把追求財富當成人生主要目標和指導原則，將引來負面後果。以賺錢為目標的人比較不可能實現自我及發揮所有潛能，而比較容易感到苦悶、憂鬱和焦慮，也比較不健康、沒精神。其他國家的研究也發現同樣的結果，例如新加坡商學院的學生即有下列情況：「那些死心塌地崇拜唯物價值觀的人比較缺乏自我實現的能力，而且比較沒活力、不快樂，也較常出現焦慮、痛苦、身體不適的症狀。」

研究這類課題的心理學家並非建議我們應該停止追逐名利，那就違背了人類的天性。這些心理學家也不認為獲得財產保障不重要，擁有足夠的財富以滿足生活和教育各方面的需求，是享受快樂人生的要件，但除此之外，我們沒有必要也不應該把追逐名利列為主要目標。

雖然大多數研究都將追求財富視為外在目標，但我們也可以把它當成內在目標，這麼做是為了增強而不是減低我們的快樂程度。有些努力生財的人不太在意財富的金錢價值，卻比較關心財富的象徵意義——含有獎勵、讚許的意味，於是求財致富就跟某些內在因素（例如個人成長）而非外在因素（例如取得社會地位）扯上關係了。若把累積財富當成追求意義的手段，即可將求財致富轉化為滿足自我的目標。比方說，擁有財富能讓我們自由地運用時間做我們認為重要的事，或者使我們有能力完成信奉的使命。

能夠認清並追求滿足自我的目標固然好處多多，卻不容易做到。謝爾登與另一位心理學家郝瑟瑪蔻（Linda Houser-Marko）指出，選擇滿足自我的目標「是很困難的，必須具備正確的自我認知能力，有時還要抗拒社會壓力，以免走錯方向。」得先知道自己的人生目標，才有勇氣遂行願望。

想做的事VS該做的事

擁有選擇個人目標的自由，是滿足自我的先決條件，所以生活在自由國度的人，往往比活在暴政下的人快樂。許多民主國家的人民也常遭受某些束縛，這些束縛並非來自政權，而是其他外在因素，例如名聲、取悅他人的欲望、義務、恐懼感等等。他們往往覺得生活裡老是充滿一籮筐非做不可的瑣事，缺少期望參與的活動。由於「該做的事」不能滿足自我，也就失去了意義和樂趣；「想做的事」即代表滿足自我的目標，多半能兼具樂趣和意義。

提升快樂程度的一個方法是：減少「該做的事」，增加「想做的事」，後者涵蓋了廣泛的生活目標與日常活動。我想習醫，主要是因為我覺得治病救人很有意義（內在因素），還是因為醫師這一行擁有崇高地位（外在因素）？我把從商當成第一個也是最高的職志，是因為我能從中得到刺激（內在因素），還是因為能賺更多錢（外在因素）？

上述選擇並非互不相容，大多數的選擇會受到各種因素的牽制，其中有內在因素，也有外在因素。一個為了取悅家人而去攻讀法律的人在伸張正義之際，必定也會產生成就感；一個因為熱愛法律而成為律師的人看到成功律師享有的地位，也不可能無動於衷。問題在於：做選擇的時候，應該考慮內在因素和外在因素孰重孰輕的問題。假設某個人的選擇動機主要來自內在因素（為了追求滿足自我的目標），他就能做「想做的事」；如果主要動機來自外在因素，他就比較需要完成「該做的事」。

我們不妨仔細分析一下每天的目標，例如我在一天當中會用多少時間完成「想做的事」和「該做的事」？有些「該做的事」是躲不掉的，例如雖然我只想教書，但除了授課之外，我也必須花很多時間批報告、改考卷。我的難題不是如何完全擺脫「該做的事」，而是如何設法減少

卡敏的忠告：追求快樂的生活目標

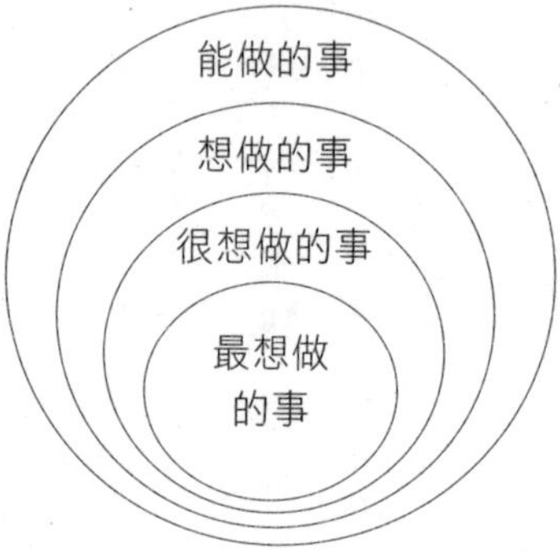

這類事情，儘量用我「想做的事」取代它們。我的快樂程度取決於「想做的事」和「該做的事」在生活裡所佔的比例；我會盼望一早醒來就跳下床，還是一想到當天要做的事就渾身無力。我會擁有成就感與滿足感，還是在下班以後或週末期間產生解脫感，都由這比例來決定。

只問自己想做什麼，或哪些事情能讓我們同時找到意義和樂趣，往往是不夠的，我們還需要更深入地發掘自我需求。我大學剛畢業的時候，覺得前途茫茫，不知何去何從，我的哲學老師卡敏（Ohad

Kamin）給了我一些忠告：「人生苦短，在選擇人生道路的時候，你一定要先認清自己能做哪些事情，然後從裡面挑出幾件想做的事，再進一步縮小選擇範圍，把焦點放在很想做的事，最後挑出最想做的幾件，然後就去完成它們。」卡敏的忠告可用四個重疊的圓來表示，最裡面的圓包含了能帶來最多快樂的生活目標。

最外圈表示可以做的事，最內圈涵蓋了最渴望完成的事，追求這些目標最符合我的志趣，實現夢想也成為我的主要生活內涵。雖然我們總是沒有太多機會去做最想做的事，而且總會遇到一些難以掌控的限制，但只要發自內心認真專注地解決這些問題，就能展開圓夢之旅。

我和我太太塔蜜經常協助彼此設定目標，其中有個人目標，也有共同目標。有一天，我提到我們應該為這些目標定下「最後期限」，但她認為這些目標都能滿足自我內在需求，有激勵和振奮的效果，所以改稱為「完成期限」比較妥當。同樣道理，我們在追求有樂趣也有意義，又能同時照顧到現在和未來利益的目標時，正是在「活用」時間而非「消磨」時間。

心理學家馬斯洛說：「專心工作能在組織內外創造效率。」當我們專心完成可以滿足自我、符合最大志趣和期望的工作時，也能創造效率。二十世紀神話學家坎柏（Joseph Campbell）生前最後一次接受訪問時，採訪者莫耶斯（Bill Moyers）曾經問他是否覺得「有人在暗中幫助他」，他如此回答：

我一直這麼覺得，那種感覺很玄。由於老是有人在暗地裡協助我，我甚至產生了一種迷信，以為只要你接受上天賜給你的福分，就能踏上始終在等著迎接你的康莊大道，而現在過的生活，正是你應該過的生活。一旦領悟了這點，就會開始遇到一些樂意慨然相助的貴人。所以我建議你坦然接受天賜的福分，不要恐懼退縮。這樣一來，那些你不知道即將通往何處的機會之門都會為你敞開。

有些研究可以證明坎柏的想法不完全是迷信。當我們坦然接受天降的福分，不但能樂在其中，也會更有成就。如果缺少方向清楚又能督促自我的生活目標，我們可能無所事事，失去自我。當我們知道將何去何從，也知道最想做的事，就很容易堅持到底，忠於自我，也比較願意拒絕外人施加的義務、違背志趣的要求，以及社會地位的誘惑，只願接受內心的召喚，聽從自己的意見。

時光一去不復返，生命也有一定期限。人生太過短暫，所以我們不要只做「該做的事」，一生的時間大概只夠讓我們完成「想做的事」。

日常練習

擬定滿足自我的目標

認清而且能夠追求這類目標的人，通常比較快樂也比較成功。請寫下你在各個重要生活領域（從感情到工作皆可）最想做的事，在記下每件事的時候，應考慮下列事項：

▽**長期目標**：就是完成期限十分確定的具體目標，期限從一年到三十年都可以。這些目標應該具有挑戰性，也能拓展你的能力。記住：是否能達到這些目標，不是保持快樂最重要的因素；設定目標的主要用意，是讓你毫無牽掛地享受當下，心情舒暢地體驗完成目標的過程。比方說，我的長期目標之一，是在二〇一三年六月以前開一門「快樂課程」，而且要提供一系列的課本、教學光碟和講習會。（我還在檔案夾裡存放了我想採用的課本、教學內容和講習會資料）

▽**短期目標：**這個階段是要分批完成長期目標，你在接下來的一年、一個月，或一天之內需要做些什麼，才能達到長期目標？我寫這本書的時候，也直接根據長期目標定了個短期目標：在二〇〇六年九月底以前完成初稿。

▽**行動計劃：**為了實現長、短期目標，你在接下來的一個月、一星期，或一天之內需要做些什麼？在行事曆中記下真正要做的事，包括每週、每天的例行工作（完成這些工作已經成為你的習慣），或某段時間的活動。我在寫書期間的行動計劃是：每天撥出三小時撰稿。

不為自己訂出明確的目標，就會受到外在力量的擺布，難以從事能滿足自我的活動。我們有兩種選擇：被動地順應外來的要求，或主動地開創自己的人生。

日常練習

組織快樂互助團體

為自己成立一個「快樂互助團體」，由一群關心你的福祉、願意督促你追求快樂的人組成的團體。要求其中的成員記住你提出的承諾，並監督你履行這些承諾。定期和成員聚會討論你的進展、你在哪些方面做了重大的改善、你想在哪些部分加強努力，或想改變哪些部分。

要實踐改變自我的承諾和目標並不容易，需要練習一段時間才能建立習慣，所以大多數的改變總是徒勞無功，無疾而終。在得到他人支持的情況下，我們比較可能貫徹改變自我的行動。改變的項目可包括：開始攝取健康食品、克服拖延時間的毛病、多多陪伴家人等等。

除了為自己成立快樂互助團體，你也可以擔任其他快樂互助團體的成員，成員間亦可相互支援，為其他成員創立的互助團體服務。這樣既能助人，又能自助。在督促別人履行追求快樂的承諾，並提醒他們從事有意義、有樂趣的活動時，你也會堅定自己的意志，努力尋求快樂。

第二部 應用篇

我們先要用心觀察身旁存在著哪些可能性，
才有辦法將「可能」化為「事實」。

第六章

教育上的快樂

接受教育是追求快樂最好的機會。

——美國詩人及評論家范德倫（Mark Van Doren）

我弟弟曾在哈佛大學心理系就讀，他不上課的時候，常利用閒暇閱讀、討論、記錄和思考心理學知識，卻討厭學校的課業。這種情形不稀奇，大多數學生也都不喜歡上課。既然如此，他們願意為學業付出這麼多時間的動機是什麼？在和舍弟討論學生不愛上學的問題時，我乍然想到兩種可以解釋學習動機的模式：一是溺水模式，二是做愛模式。

「溺水模式」說明兩件事：一、我們渴望脫離苦海的念頭，也會成為強烈的學習動機。二、一旦脫離苦海，便很容易將解脫感誤認為快樂感。當一個人的腦袋被別人按在水裡時，他一定很難受、很痛苦，而且會奮力掙扎。如果被強壓在水裡的腦袋在最後關頭被人放掉了，他一定馬上用力吸氣，產生一股陶陶欲醉的解脫感。

不愛上學的學生遭遇的情況雖然沒這麼戲劇化，他們的學習動機——想逃避某個負面後果——卻具有類似性質。多數學生總是日復一日地埋首於自己討厭的課業中，他們的學習動機是：害怕失敗。等到學期結束後，才會因為擺脫了課本、報告和考試而產生強烈的解脫感，那種感覺和快樂的感覺很接近。我們從小學開始就很熟悉這種「先苦後甘」的學習模式，所以不難理解很多人為什麼會把拚命三郎式的生活看成最正常、最有前途的生活方式，因為他們不知道還有別種方式。

「做愛模式」採取不同的態度思考學習這件事，而且能兼顧現在和將來的利益。我們可以把美好的閱讀、研究、思考、寫作時光看成做愛的「前戲」，而把發現新知識與新觀念、為某個問題找到解答看成做愛的「高潮」。做愛模式也和溺水模式一樣擁有某個我們渴望達到的終極目標，而採納這種學習模式後，做每樣事情都會產生滿足感。

把學習變成有趣的過程，也是每位學生應該承當的責任之一，尤其是大學生和研究生，因為他們擁有較高的學習自主性。然而當他們成熟到足以為自己的教育負責時，大多數人已經犯了拚命三郎的毛病。他們從父母身上學到以分數和獎品做為衡量成就的標準，也知道自己的責任不是去享受為學習而學習的樂趣，而是製造傲視群倫的成績單。願意幫助孩子們迎向快樂人生的教育者（包括老師及父母），應該把快樂視為人生的終極貨幣。孩子們都很容易得到潛移默化，接受教育者在無形之中灌輸的觀念。

大人應該鼓勵學校裡的學生尋求有趣味、有意義的學習方式。如果一名學生想成為社會工作者，也認真地考慮過從事這個行業的代價與好處，即使他當投資銀行專員可能賺更多錢，老師仍然應該鼓勵他堅持初衷。如果這位學生想從商，就算父母一直希望他從政，也應該給予支持。贊成「人生以快樂為目的」的父母與老師，都會認為這才是合乎自然與邏輯的做法。

當學校強調達到學習成就（成就看得見）比培養學習熱忱（熱忱看不見）來得重要，等於是在強化盲目的競爭心態，妨礙學生的情緒發展。拚命三郎型的人認為，滿足個人情緒不如完成他人認可的成就重要，情緒只是成功的絆腳石，最好不予理會或加以克制。

諷刺的是，滿足個人情緒卻是獲得快樂和物質成就的必要條件。高曼在《ＥＱ》這本書裡說：「心理學家一致認為，在決定成功的因素裡，ＩＱ只佔二〇％，其他因素佔八〇％，後者也包括我所說的ＥＱ。」拚命三郎的心態正好與ＥＱ強的人背道而馳，也和快樂成功者的心態南轅北轍。

那麼，老師和家長如何幫助學生快樂地學習，並且得到好成績？學生如何兼顧學習成就和學習熱忱？心理學家米哈里的「忘我理論」為我們提供了幾個重要觀點和指引，讓我們了解如何在家裡和學校創造良好的學習環境，使孩子們從現在到將來都能受益無窮，體驗學習的樂趣和意義。

步入忘我境界

根據米哈里的看法，「忘我」是指我們沈浸於某個重要經驗的一種狀態。在這種狀態下，我們會覺得自己與那經驗合而為一，「行動與意念融為一體」。

大家都知道，我們在專心讀書或寫報告的時候，往往聽不見別人喊我們的名字，在烹調食物、跟朋友聊天，或在社區公園打球的時候，也常覺得時間似乎過得特別快，這就是忘我的經驗。

在進入忘我狀態時，我們會同時擁有最快樂的感受及最好的表現，心情舒暢又能登峰造極，運動員常說這種經驗就叫「入神」。當處於忘我狀態——無論是踢球、雕刻木頭、寫詩，或準備考試——的時候，我們會全神貫注於正在進行的活動，任何事情都無法讓我們分心，或轉移注意力。在全心全力追求未來目標的同時，我們也會獲得學習、成長、改善和進步。

米哈里解釋，擁有生活目標和明確的使命感，是達到忘我境界的必備條件。雖然我們的目標可能隨時間改變，但參與的活動必須要有確定的方向。當我們不受其他事物干擾，一心一意恪守自己的目標，就能自由自在地完全融入手邊工作。第五章（設定目標）提過，心裡有個明確的目標，就能讓我們毫無牽掛地享受追求目標的過程。在忘我的狀態下，現在和將來的利益會結合在一起。有了明確的未來目標，不但不會妨礙我們享受當下，反而更能活在當下。忘我的經驗可以使人邁向更高的快樂境界，將「不勞則無獲」這句話改寫成「現在將來皆有所獲」。

米哈里的忘我理論指出，「不勞則無獲」的學習模式乃根據下列迷思而來：唯有透過極度、持續的努力，才會擁有高超表現。忘我理論也說明了忍受煎熬無法使人登峰造極，在「努力過頭」和「努力不足」之間，還會出現另一種特別的狀況。當我們不但擁有傑出的表現，也能享受手邊的工作；當我們從事的活動能提供適度的挑戰，手邊的工作難易適中的時候，就能進入這種狀況。

從上圖可以看出幾件事：如果一項工作難度很高，而我們的技能水準很差，就會產生焦慮；如果技能水準很高，而工作難度很低，我們會感到無聊。當工作難度符合技能水準時，就會達到忘我境界。

很多學生在學校裡不是感到焦慮，便是覺得無聊，所以既得不到學習樂趣，學習成就也不高。為了兼顧學生現在和將來的利益，老師們應該盡可能因材施教，為每個學生規劃適當的課程與活動。上圖也可以說明兩種阻礙學生達到忘我境界的教育方式，第一是製造有壓力的學習環境，使學生感到焦慮；第二是製造無需奮鬥也毫無挑戰的學習環境，讓學生覺得無趣。

在第一種環境裡，老師採用溺水模式教育學生。學生受到十分嚴厲的督導，學習內容超出個人理解的範圍，課業變成痛苦、焦慮、不愉快的同義詞。老師鼓勵學生重視結果而非過程，把心思放在終點而非旅程，於是學生很快就成為拚命三郎，在校時期或終其一生，包括工作和休閒的時候，都無法體會忘我的經驗。在第二種環境裡，學生不是因為努力過頭而產生焦慮，是因為努力不足而感到乏味。努力不足造成的害處不比努力過頭來得少，也不會產生忘我的經驗。教育者（尤其是父母）常將奮鬥與吃苦混為一談，捨不得孩子們吃苦，總是設法滿足孩子們的願望，不讓孩子接受各種挑戰。這些父母設法為子女提供「養尊處優」的生活，不給他們奮鬥的機會，也享受不到忘我的經驗，當然更無法得到克服挑戰的滿足感。

我小時候最愛看的一本漫畫書叫做《小小富翁：貧窮的富家男孩》（*Richie Rich: The Poor Little Rich Boy*），書中講到一個表面上擁有一切的小男孩奮鬥的故事。書名將「貧窮」與「富有」並列，看起來似乎很矛盾，但是只要想想社會現況，便覺得不無道理：我們生活在一個相當富裕的社會，卻看到愈來愈多有錢人家的孩子和大人過得不快樂。有些人稱此現象為「富裕病」，而我稱之為「不利的優勢」。

不利的優勢

現代自助運動開山祖師史麥爾斯（Samuel Smiles）於一八五八年寫道：「每個年輕人都應當了解一件事：一生的快樂和幸福主要是靠自食其力換來的，不能仰賴別人幫忙與資助。」當父母「幫忙」子女逃避痛苦，子女將來一定活得更不快樂：「一個人最大的不幸，就是自己不必花任何力氣便能滿足所有願望。這樣一來，前途、欲望、奮鬥，對他都沒有意義了。」孩子在接受挑戰的時候，也和大人一樣能從自身的成就裡找到意義，並且快樂地享受完成目標的過程。

「不利的優勢」大致可解釋為什麼美國人罹患憂鬱症的情況愈演愈烈，為什麼患者的年齡與過去相較呈現下降趨勢，因為許多年輕人都過得太安逸了。奮鬥、吃苦、挑戰，都是豐富心靈生活的必備條件，追求快樂也無法抄捷徑、走近路。當我們看到別人辛苦奮鬥，尤其當那些人正好是我們的子女時，我們的立即反應往往是恨不得把事情變得輕鬆容易些。當我們有能力過得比較安逸，卻讓子女吃苦受累，似乎說不過去，但有時候我們還是得壓抑自己的衝動，讓他們也能體會接受磨練的好處。

不快樂也是有錢人的常態，因為他們太渴望得到快樂，以致於心理壓力愈來愈大，我在幾位出身富豪之家的學生身上就碰過這種現象。一位學生常問我：「為什麼我就這麼活該倒楣，日子過得這麼不快樂？」

他一方面因為自己不懂得感恩惜福而感到愧疚，一方面又因為無法合理地說出不快樂的原因而感到自責與無能。當渴望得到快樂的心理壓力出現時，我們常抱著自慚形穢、無能為力的心情看待負面情緒，結果是更不快樂。這位學生和許多豐衣足食的人都沒有認清一點：崇尚物質財富的社會最不在乎的就是個人情緒。

喜怒哀樂人皆有之

我們都會經歷大悲大喜，以及介於兩者間的各種感受，也都有能力面對這些情緒。雖然每個人取得物質財富的管道不盡相同，但是大多數人獲得快樂的機會卻是相等的。前文說過，除非生活在極度貧窮或政治迫害的環境，否則人人都有快樂與不快樂的時候，機會人人平等。心理學家麥爾斯及戴納在一篇論文裡提出了這個結論：「快樂感與滿足感是不分階級的，男女老少、黑人白人、富翁與勞工都能擁有這些感受。」快樂，是最公平的資源分配者。

十八世紀的經濟學家、哲學家亞當斯密（Adam Smith）說：「就取得快樂的條件而言，窮人階級絲毫不遜於有錢階級。」雖然亞當斯密在寫這句話的時候，帶有一種權貴階級的優越感和事不關己的冷漠態度，但他的觀點是對的。我們的確沒有理由認為，窮人的甘苦與富人的悲歡在質與量方面有任何不同。一旦基本生活需要——包括食、衣、住、行和教育——獲得滿足，不同所得階層的喜怒哀樂是沒有太大差別的。

富人的痛苦和窮人的痛苦一樣的真切、自然、普遍與正常。不同的人生階段都會經歷悲傷、焦慮和喜樂；無論是窮是富，若不親自體驗這些感受，便無權享受快樂。任何特權都無法讓我們免於遭受痛苦或感到空虛，期望自己擁有這種豁免權的人只會活得更不快樂。不論所得水準與社會地位如何，都應該接受人生的酸甜苦辣。

工作偏見

米哈里的研究指出，十二歲的孩子已經懂得為工作與休閒劃清界線，這也是大多數人畢生都會遵守的界線。許多孩子都知道，他們的學習生涯離不開上課、作業和用功這幾樣東西，然而把學業看成工作，學生便無法擁有愉快的學習經驗，因為社會普遍對工作抱有某種偏見。這種偏見在西方社會深植人心，而始作俑者可能是某些影響深遠的《聖經》經文。

據《聖經》記載，亞當和夏娃原本過著優哉游哉的生活，不必工作也不籌劃未來。自從偷吃禁果以後，就被趕出伊甸園，從此注定要和世世代代的子孫辛勤工作才能生存。由於西方文化深信勤奮工作代表一種懲罰，我們才會把天堂——也就是讓我們擁有理想生活的理想所在——想像成一個不必吃苦，也不用工作的樂園，然而在現實生活裡，我們都需要工作才能快快樂樂地活在世上。

米哈里和拉菲芙兒（Judith LeFevre）在「工作與休閒的快樂體驗」這篇論文裡得出一個並不教人意外的結論：人們比較喜好休閒而厭惡工作。此外，他們也提出另一個結論：人們在工作期間比在家時更能產生忘我經驗。

我們一方面偏好休閒，一方面又覺得工作才能帶給我們最大的快樂，這實在是個奇怪的矛盾現象，但也發人深省。那表示我們對工作抱著很深的成見，把工作和痛苦、休閒和快樂聯想在一起，以致於扭曲了對現實經驗的認知。當我們不自覺地老是用負面態度去評判正面的工作經驗，而且變成一種習慣性的反應，就會嚴重地限制我們追求快樂的潛能。要活得快樂，不但需要體驗正面情緒，也應該用正面態度對待工作經驗。

我們可以也應該對工作產生正面感受，教育學家帕莫（Parker Palmer）在《教育的勇氣》（*The Courage to Teach*）這本書裡寫道：「社會有時會將工作與痛苦劃上等號，這時如果提出面對工作最好的態度就是保持愉快心情的論調，等於在顛覆社會觀念，但這論點卻是事實。」如果我們把「努力工作」和「痛苦煎熬」視為同義詞，就是在為大家製造心理障礙，讓許多人在學校和職場都過得不快樂。

為了幫助大家在學校或職場享受更多樂趣，我們可以改變觀念，屏棄對工作的偏見。行為科學家赫伯（Donald Hebb）在一九三〇年主持的一項研究，有助於我們了解大家可以如何改變工作觀念。在進行這項研究時，赫伯告訴六百名六到十五歲的學生，他們不需要做任何功課。如果上課時不守規矩，處罰方式就是去教室外頭玩耍；如果循規蹈矩，獎勵方式則是寫更多作業。赫伯在研究報告中指出：「這種規定實施了一、兩天之後，所有學生都發現他們還是比較喜歡有功課，而且意外地比從前學會更多數學運算法。」如果我們願意改變態度，把工作和學習看成「權利」而非「義務」，並且將同樣觀念灌輸給子女，他們一定會快樂許多，學得更多，成就也更高。

當我們用僵化的態度看待快樂這件事，認為非得經過辛苦奮鬥才有可能得到快樂，就會忽略生活裡的光明面。在學校或職場裡，我們看不見也找不到快樂的機會；在學校或職場外，我們虛度光陰，不肯努力，不要挑戰，也活得沒什麼意義，只覺得自己與快樂無緣。

教育最大的責任，是幫助學生在身心方面都達到富足的狀態。要做到這點，學校必須重視教學技巧以外的東西，除了教學生作文、閱讀、加減乘除，我提議還要寓教於樂，為學生創造快樂的學習、成長和生活環境。我們大都受過多年的教育，對人生的期許和某些生活習慣也是在求學時期建立的。如果老師鼓勵學生快快樂樂地學習，專心從事充滿趣味的活動，學生將來比較可能維持同樣的習慣。反之，如果學生只懂得盲目競爭，匆匆忙忙由這個年級進入下個年級，當他們畢業多年以後，很有可能依然故我。

許多教育者不但沒有幫助學生尋找有意義、有挑戰的目標與活動，讓他們體會學習的快樂，反而比較關心學生的考試成績。米哈里寫道：

> 家長或學校都不擅長教育下一代從正當的活動裡尋找樂趣，成人往往因為執迷於某些愚昧的教育方式而矇騙了自我，成為這場騙局的共犯。他們只會把重要的工作搞得辛苦乏味，把瑣碎的工作變得輕鬆有趣。學校通常不會告訴學生，科學或數學可以變得多麼趣味盎然，只是按表操課地講授文學或歷史，不教學生去探險。

學習熱忱是與生俱來的，年紀小的孩子總有一籮筐的問題，渴望更了解外面的世界。當教育者支持孩子們追求他們重視的東西，幫助孩子們獲得忘我經驗，就是在鼓勵這份天生的學習熱忱，把教育變成一場引人入勝、令人回味的探險，學生也會把追求快樂當成終生目標。

日常練習

終生學習計劃

成就高超的人都是終生學習者，他們不斷地問問題，也不斷地探索充滿奧妙的周遭世界。無論你是處於哪個人生階段、是十五歲還是一百一十五歲、是遇到難關還是飛黃騰達，都要為自己擬定一套終生學習計劃。

這套計劃可包括兩大類：個人發展與職業發展。在展開各項計劃時，一定要接觸能兼顧現在利益（使你樂於閱讀和思考）和未來好處（使你終生獲得成長）的知識，每週安排固定的學習時間，同時將執行這套計劃變成你的習慣。

建議你在執行個人發展計劃時，務必閱讀布蘭登的著作《培養自尊的六大要件》（*The Six Pillars of Self-Esteem*），並且完成書中的句子接龍習作。你也可以到社區大學選修相關課程，同時寫下學習心得日記。在執行職業發展計劃時，不妨物色一位你信得過的導師，並且閱讀同業最新發展資訊。

日常練習

吃苦的權利

我不相信很多事情一定都有圓滿結局，但我知道有些人確實能利用現有條件創造最好的結果。我們絕對不會自討苦吃，但在發展自我的過程中，吃苦的能力卻很重要，不需要奮鬥的人生不見得最有利。

將你遭遇過的困境（例如某個刻骨銘心的失敗經驗，或長期奮戰的歷程）寫下來，內容愈詳細愈好，接著再寫下這個經歷帶來的一些教訓及好處。不要輕忽或小看那段經歷留下的痛苦，把你最後得到的好處，尤其是快樂的感受寫下來，你是否因此變得更有彈性？是否學到重要教訓？現在是否更能接受某些事情？是否從那段經歷學到其他教訓？

如果你是在某個團體裡做這項練習，你可以和其他成員互助合作，再多發掘一些你從這段經歷得到的好處。人人都該善用自己的困境，我的同事哈碧蓀（Anne Harbison）說得好：「千萬不要浪費對你有利的危機。」

第七章
職場上的快樂

從工作中品嘗快樂的滋味。

——美國詩人朗費羅（Henry Wadsworth Longfellow）

我在十年前認識了一位年輕律師，當時他任職於紐約一家聲名遠播的律師事務所，即將成為合夥人，不但擁有一棟俯瞰中央公園的豪華公寓，而且剛以現金買下一輛嶄新的ＢＭＷ座車。

他工作很勤奮，每週至少在辦公室待上六十個小時，但是他每天早上都得把自己從床上拖起來，然後心不甘情不願地去上班，因為他對工作沒有太高的期許。對他來說，這只是一份從早到晚跟客戶同事開會，做法律簡報和簽定合約，處理一連串瑣碎事務的工作罷了。

我問他的理想工作是什麼？他說他想去畫廊上班。找不到畫廊的差事嗎？不，他說畫廊職缺多得很。他沒有任用資格嗎？當然有，可是他說去畫廊上班，他的收入肯定大幅縮水，生活水準也會降低。他討厭律師事務所，可是又看不到其他出路。

他是個不快樂的傢伙，因為覺得自己被厭惡的工作綁住了，但他並不孤單；在美國，只有半數上班族滿意自己的工作。我跟這位律師和許多對工作不滿的人聊過之後，才發現他們之所以覺得束手縛腳，不是因為沒有選擇，而是做了讓自己不快樂的選擇。

做個人嗜好的奴隸

在希伯來文中，「工作」（avoda）和「奴隸」（eved）的字根是一樣的。大多數人除了靠工作謀生，往往別無選擇。我們即使不工作也能生存，依然會受到天性的束縛，因為期望得到快樂是人類天性，想得到快樂就需要工作。

不過，儘管必須忍受生存需要和人類天性帶來的束縛，也還是可能「感受到」自由。當我們選擇從事有意義也有樂趣的工作，就能產生自由感。因此是否能從工作當中感受到自由，就看我們選擇做物質財富的奴隸，還是心靈財富的奴隸；做他人期望的奴隸，還是個人嗜好的奴隸而定。

在做這類選擇時，我們可以先問自己幾個問題。《聖經》說，有問必有得。提出疑問就是在展開新的探索，也能找到新的答案，看到前所未見的事物，發現無人走過的道路。有些重要的疑問還能挑戰我們的人生觀及日常思考模式，這些問題包括：我工作的時候快樂嗎？怎麼做才會更快樂？能辭掉工作去做一件有意義也有樂趣的事情嗎？如果因為某種理由承擔不起辭職的後果，或者因為這個理由不想離職，如何把現在的工作變得更有趣？

理想的雇主懂得為員工創造有趣的工作條件。心理學家海克曼（Richard Hackman）便以一項研究說明某些工作條件能讓員工為工作找到更多意義。首先，這工作應該能發揮員工的專長與技能；其次，員工應該能從頭到尾獨挑大梁完成整件工作，不是在重大工作計劃之中扮演小角色；最後，員工應該能感受到他們的工作對別人有舉足輕重的影響。管理者若能設計出滿足這些條件的工作，比較可能提高員工的快樂程度。

心理學大師米哈里則指出，讓員工完成難易適中又具有挑戰性的工作，可增強參與感，對員工和組織都有好處，了解這點的管理者，比較可能將具有適度挑戰性的工作指派給員工。不過，我們不能指望理想的工作或雇主會從天上掉下來，必須主動在職場尋找並創造工作意義和樂趣。責怪別人——包括父母、老師、老闆，或政府——可能換來同情，卻得不到快樂。尋找合乎理想的工作或創造適當的工作條件，是我們的基本責任。

我們可以重新調整某些工作內容來增添樂趣。比方說，可以透過設定明確目標和挑戰自我的方式達到忘我境界，即使原有工作不要求我們這麼做也照做不誤。此外，也可以承擔更多責任，多參與一些我們認為有趣的工作，還可以主動尋找能為組織創造更多利益的工作領域，轉入不同部門服務，或投入某項新計劃。不過，假設無論多麼努力嘗試，現有工作環境仍舊無法讓我們產生趣味感及參與感，就可以考慮另謀他就了。在某些情況下，離開現職也許不是可行的選擇，但在大部分情況下，我們依然可以找到替代選擇，轉往既能滿足基本物質需要，又能帶來工作樂趣的職場發展。

我們或許沒有勇氣改造職場或另覓新職，但萬一我們卡在只能滿足物質需要，不能產生太多樂趣的工作裡動彈不得，就有必要改變現狀。當發現目前的工作無法滿足基本物質需要，一定會卯足全力設法扭轉頹勢，那麼當我們享受不到太多工作樂趣時，為何要降低自己的標準委曲求全？應該鼓起勇氣改變自己的生活。勇氣不是天不怕地不怕，而是懷著戒慎恐懼的心情繼續向前走。

金錢與快樂都是生存必需品，兩者不一定互相排斥。在完成自己覺得最有趣味的工作時，往往表現得最好，因此從事有意義、有樂趣的活動，的確可以創造更多未來成就。遇到自己關心、感興趣和熱愛的工作，我們自然會加倍努力。沒有工作熱情，工作動機便會減弱；有了工作熱情，工作動機則會增強，工作能力也將有所精進。

我們不能單憑錢財得失來決定要為工作投入多少心力。如果我們也像沒有情緒的機器人，不為工作注入情感，最後必然對工作喪失興趣。情感會引發行動，是行動的燃料。

發掘個人志業

心理學家馬斯洛曾寫道：「一個人最好的運氣和最大的福分，就是有人付錢請他從事他衷心喜愛的工作。」想找到這麼「好康」、這麼愉快的工作並不容易，我們可以參考一些探討人類工作態度的研究結論，或許有幫助。

吳姿紐思琪（Amy Wrzesniewski）等心理學家指出，一般人對工作抱有三種態度，也就是把工作當成一份差事、職業，或志業。大多數人都把工作當雜務看，只在意金錢報酬，不重視自我實現。一個人每天早上會去上班，主要是因為他覺得他「該去」，不是因為他「想去」。他除了等著拿薪水，對工作沒有太高的期許，大部分時候都在盼望週末或假期的到來。這位上班族主要的工作動機來自外在因素，例如為了獲得薪水、升遷，權力和名望，只期待下一次的升遷，以便爬上更高的職位——從副教授變終生專任教授、從老師變校長、從副校長變校長、從副總編輯變總編輯。

把工作當志業看的人認為工作就是目的，他當然也在乎薪水和升遷，但主要是因為想工作而工作。工作動機來自內在因素，所以覺得自己是在實現自我，擁有一些滿足自我的目標。他熱愛自己的工作，從工作中實現自我，將工作視為恩寵而不是一堆雜務。

我們對工作的態度，無論把它當一份差事、職業或志業，都會影響我們在職場和其他方面獲得的利益。吳姿紐思琪發現：「工作態度比薪資所得或職業聲望更能左右員工對生活與工作的滿足感。」

我們需要經過刻意、持續的努力，才能找到人生志業，因為別人總是鼓勵我們追求最專精的工作，不贊成我們從事有興趣的工作。例如大多數生涯諮商顧問和職業介紹問卷，就很強調我們的專長而非興趣。在選擇工作時，先考慮「我最擅長什麼？」固然重要，但還是必須在了解哪些工作能為我們提供意義和樂趣之後，再來考慮這問題。一開始就問：「我『能』做什麼？」表示我們最在乎的是金錢與他人的認可；一開始先問：「我『想』做什麼？」（換個說法就是：「哪些事情讓我覺得有意義、有樂趣？」）我們的選擇動機便是來自追求快樂的渴望。

運用MPS流程：意義→樂趣→專長

在尋找合乎個人所好與所長的理想工作時，可能會遇到一些難題。我們不妨先提出下面三個重要問題：「什麼工作能為我創造意義？」、「什麼工作能為我創造樂趣？」、「我的專長是什麼？」再觀察後續情況。先檢視自己的答案，找出重複的項目，有助於我們判斷從事哪些工作會使我們最快樂。

要為以上三個問題找到正確答案，不是只把腦子裡想到的念頭記下

MPS 流程

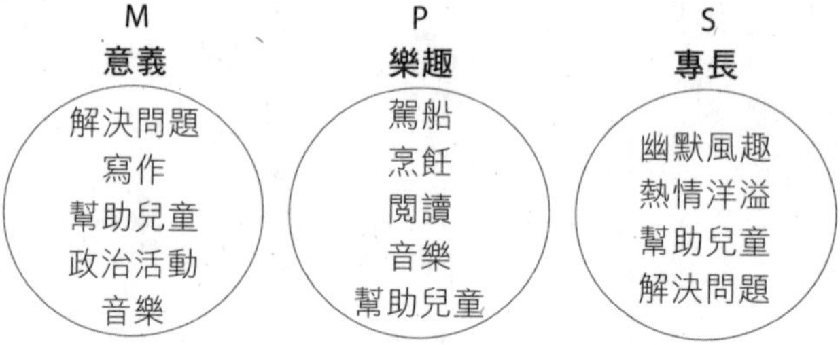

來就夠了。大多數人一看到這幾個問題，大概都有現成答案，而且多半都是對的，但不見得都有意義。因此，我們可能需要再花些時間深入思考。在思考這三個問題時，我們可能列出一大串雜亂無章、語意不清的答案，而且不容易立刻從那些答案看出重複的項目，這時ＭＰＳ流程就派上用場了。

本頁圖例可說明最基本的ＭＰＳ流程，我們不妨利用它來思考工作的意義和樂趣，以及個人專長。

第一個圖假設我是從解決問題、寫作、幫助兒童、政治活動和音樂之中找到意義；我喜愛駕船、烹飪、閱讀、音樂和幫助兒童；我的專長是幽默風趣、熱情洋

利用 MPS 流程找出重複的項目

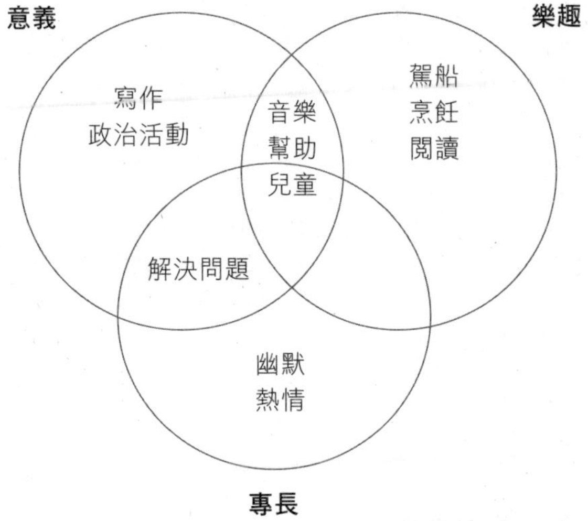

溢、幫助兒童、解決問題。你從圖中看得出來哪些答案是重複的嗎？

在第二個圖裡面，看得出來幫助兒童讓我覺得有意義也有樂趣，而且是我最拿手的項目。為了解哪些工作最適合我，還需要考慮我在其他方面的專長。比方說，我是個做事井井有條，喜歡事前擬好一週工作計劃的人，所以我比較喜歡有固定時程表的工作。我也喜歡旅遊，因此擁有一份能放長假的工作對我來說很重要。

什麼樣的兒童服務工作既有固定的時程表，又能放長假？哪一類的工作可以善用我在其他方面的興趣與專長，例如熱情、幽默、閱讀和解決問題？在衡量過所有因素後，我可能考慮當個英文老師。完成這道選擇程序以後，我不見得能從事最高薪的工作，卻有可能找到讓我感到最快樂的工作。

ＭＰＳ流程也能幫助我們在其他生活領域做重大決定。例如在學校選課的時候，可從幾個對前途有意義、內容饒富趣味，我們也很在行的科目之中找出想上的課。

企業管理者也能運用ＭＰＳ流程為部屬和組織謀福利，甚至可以用它來物色新員工。幫助員工尋找和擔任他們覺得有趣味、有意義，又能發揮所長的工作，可提高員工的奉獻熱忱及整體表現。任何職場都不可能滿足每位員工的各種需要，也不一定都能善用員工專長，所以管理者應該先為員工和職場創造適當的工作環境。

改造個人志業

採用MPS流程，意味著每個人都能選擇自己想要的工作場所，但是如果毫無選擇或選擇不多怎麼辦？萬一因為某些外在限制無法離開現職，或找不到符合意義、樂趣、專長這三項標準的工作，又怎麼辦？有些行業或職位比較可能發揮專長，也能提供意義和樂趣，例如一般人都認為擔任醫生比當二手車經銷商來得有意義。吳姿紐思琪的研究也提到，職等較高的員工比較可能把自己的工作看成一份志業。

不過，無論當執行長還是小職員、當醫生還是推銷員，每個人依然能在工作上精益求精，增加終極貨幣的收入，將自己的工作看成一份志業而非一份差事。吳姿紐思琪和另一位心理學家達藤（Jane Dutton）指出：「員工即使從事限制最多、最機械化的工作，還是能對自己的工作發揮某些影響力。」

吳姿紐思琪和達藤在研究醫院清潔人員時發現，有一組清潔人員只把工作看成一份既無趣味也無意義的差事。另一組則持相反態度，不但運用創意改進自己的工作，也和護士、病人、訪客有較多的互動，並且努力為病人和醫院工作人員創造更舒適的環境。他們是從比較廣義的角度來看清潔工作，主動為這份工作賦予意義，所以他們不只是清除垃圾、洗滌骯髒的床單衣物，也能增進患者的福祉，使醫院順利運作。

工作態度比工作本身更能創造樂趣，認為清潔工作也能影響他人的清潔人員，活得比那些自認醫療工作沒什麼意義的醫生更快樂。研究人員在許多美髮師、資訊工程師、護士、餐廳廚工的身上也看到同樣的傾向，他們懂得與顧客、同事建立有意義的關係。有些工程師也秉持類似的態度，把自己看成老師、團隊創造者和人際關係建立者，認為自己對組織很有貢獻，所以比較願意把工作看成一份志業。

用心尋找快樂

作家普西格在《禪與摩托車維修藝術》裡寫道：「當真理來敲門的時候，你卻說：『走開，我在追求真理。』於是真理就真的離開你了。」我們往往看不見眼前的工作蘊藏著豐富的樂趣和意義，快樂可能就在身邊。如果只顧著注視別的地方，沒有留意到快樂的存在，就很可能任快樂溜走。我們先要用心觀察自己的身旁存在著哪些可能性，才有辦法將「可能」化為「事實」。快樂不但取決於我們的工作與職場，也取決於我們選擇的工作態度。有些人不管從事什麼工作或擁有哪些人際關係，都覺得不快樂。他們總是一再欺騙自我，以為改變外在環境才能改變心境。

美國詩人愛默生說得有理：「對不同的人來說，世界是地獄，也是天堂。」不同的人對同一件事會有不同的認知與感受。我們選擇看重哪些事情，可以決定我們能否從感情、學校和職場中得到快樂。比方說，一名不快樂的投資銀行專員只要重視她覺得有意義、有趣味的事情，自然會從工作裡尋找意義和樂趣；如果只在乎物質報酬，就比較不可能得到長期的快樂。改變觀念能扭轉大局，從許多美髮師、醫事人員和工程師的例子可以看出一件事：只要我們用心尋找快樂，必能發現名為「快樂」的寶藏。

哈姆雷特說：「世事本無好壞之分，是觀念造成了好壞。」這句話雖然不是百分之百正確，卻說對了一大半。我們選擇看重哪些事物（代表我們的觀念）確實很重要，但這不表示任何人在任何情況下都能得到快樂，例如有些人就無法從銀行業務或教學工作裡找到意義和樂趣。當然，還有一些人因為個人處境不佳（例如離不開壓力龐大的職場、陷入膠著的感情，或政治迫害的國家），幾乎不可能活得快樂。快樂來自外在環境和內在心境，也來自我們選擇的行動和觀念。

大多數人都有能力，而且通常可以找到一份相當滿意的工作或職業，但我們還可以做得更好。有一位天資聰穎的學生說：「不要只想到我們『能靠什麼活下去』，應該思考我們『沒有什麼就活不下去』。」為了幫助自己找到人生志業，我們不妨接受這句忠告。追求個人志業就是聽從內心的召喚，這個聲音將帶領我們找到理想的工作和志業。

日常練習 三個問題

花些時間練習前面討論過的MPS流程，把下列三個問題的答案寫下來，然後從答案裡找出重複的項目。

▽ **問題一：**什麼事情能為我創造意義？換句話說，哪些事情能讓我產生使命感？

▽ **問題二：**什麼事情能為我創造樂趣？換句話說，我喜歡做哪些事情？

▽ **問題三：**我的專長是什麼？換句話說，我最精通、擅長的事情是什麼？

做完這道練習能幫助你找到大方向（你的終生志業是什麼）和小方向（你每天想從事什麼活動）。要展開大型的改變（例如辭去現職，或脫離熟悉的工作提供的安全感）比較困難，也需要更多勇氣。小型的改變（例如每星期騰出兩小時從事個人喜愛的活動）比較容易進行，但還是可以大幅提升快樂程度。

日常練習

改變態度

如果不知道如何改變現狀，就設法提高生活品質，方法之一是參加一些有意義又有樂趣，而且也是我們擅長的新活動。另一個方法是從現有活動之中挖掘樂趣，通常不需要花費太多力氣，就能挖到快樂的寶礦。

對工作抱持偏見，或以狹隘心態看待可能富有意義的工作類型，常使我們無法認清一個事實：快樂可能就在我們身邊。本練習能幫助你找到和利用這些看不見的寶藏。

請詳細描述你最近一、兩天的活動，仿照第三章「記錄日常活動」練習的方式，寫下你使用的時間（或安排新的時間，尤其是針對個人工作），然後看著這份紀錄問自己兩個問題。第一，你能更改某些例行公事，減少你覺得毫無啟發性的工作，增加更多有意義、有樂趣的活動嗎？第二，不管你是否能實際展開改變行動，都要自問：目前的工作可能含有哪些意義和樂趣？想想那些為工作增添樂趣，並提升工作品質的醫院清潔人員、美髮師，或工程師，他們雖然沒有改變工作或職場的本質，卻因為重視個人工作的某些特性（例如每天與他人互動），而在過程裡找到更多意義和樂趣，也活得更快樂。

現在，根據你的答案將你的「工作說明書」改寫成「志業說明書」。在改寫的時候，不妨採用能誘惑別人申請或覬覦這份工作的筆調來敘述，但不得做假，只強調這份工作可能帶來的意義和樂趣。我們如何看待自己的工作、如何為自己和他人描述這份工作，都能顯著改變我們對工作的感受。

第八章

感情上的快樂

擁有快樂的人理當與人分享快樂；快樂是孿生兄弟。

——英國詩人拜倫（Lord Byron）

正向心理學家戴納和賽利格曼研究過一些「非常快樂的人」，並且拿他們和比較不快樂的人做了比較。從外在因素看，兩者的差別在於前者擁有「豐富而滿意的社交關係」。與朋友、家人或配偶維持良好的感情，是獲得快樂的必要（非充分）條件。

身邊擁有一些我們所關心的人，他們也關心我們，願意分享生活點滴與喜怒安樂，會使我們感到人生更有意義。不但痛苦得到慰藉，快樂的感覺也會增強。十七世紀英國哲學家培根（Francis Bacon）說，親密的友誼「使快樂加倍，使憂傷減半」。希臘哲學家亞里斯多德也寫道，缺乏友誼的人不可能得到快樂。

感情是快樂的要素，其中又以愛情為首。心理學家麥爾斯認為：「能與摯友維持親密、平等、深刻、終生的友誼，最有可能預見快樂的結果。」不過，愛情才是最常被人們拿來描寫（以詩歌、小說，或非小說形式）和討論（在咖啡館、校園裡、網路中，或沙發上）的話題。這是一種如膠似漆、互相依戀的感情，也是最容易引人誤解的議題。

無條件的愛

在我奪魁的那場以色列回力球賽結束了幾個星期後，有一天下午，我以十六歲小伙子才會有的自負口吻對家母說：「我希望女生是因為我這個人而喜歡我，不是因為我拿了全國冠軍才看上我。」說這句話的時候，我不太確定其中含有多少「真擔憂」的成分（因為以色列的回力球賽選手並不多，粉絲也少得可憐），又有多少「假謙虛」的成分（我想模仿某些富豪名流，假裝抱怨他們很難找到一個能欣賞他們本人的意中人）。那時我其實不怎麼擔心是否有人喜歡我這個人，只希望有人會看上我。

無論我提起這檔事究竟是什麼動機，一向認真對待各種問題的家母，當時的反應也和我一樣嚴肅。她說：「你得到全國冠軍，就反映出你是個什麼樣的人，也反映了你的愛好和志趣。」家母了解我的情況，她認為贏得冠軍更能彰顯我的某些特質，女性會因為我的外在表現而更加注意我的內在本質。

若干年以後，我才茅塞頓開，領悟了家母這句話的涵義。當別人因為「我們的本性」而看上我們或愛上我們，是什麼意思？換句話說，當我們提到大家耳熟能詳的名詞「無條件的愛」時，所指為何？意思是希望別人不為任何理由愛我們嗎？不管發生任何情況都會愛我們嗎？愛是不需要任何正當理由的嗎？

把愛情當成一種說不出理由的感受、心情，或感情狀態來談論它是錯誤的，沒有理性基礎的愛情無法持久。前文提過，只有正面情緒不足以保持快樂（虛無主義者則是因為找不到生活意義而無法保持快樂），同樣道理，只有濃烈的感情也不足以維持愛情。一個男人會愛上一個女人，是基於他知道或不知道的一些理由。他可能覺得自己就是喜歡「她這個人」，卻不明白是怎麼回事；當別人要他解釋為什麼愛上她，他可能回答：「不知道，我就是愛她。」有人說，愛情是感性而非理性的行為，是無法言傳、神祕莫測、毫無理由的。愛情也許說不出也找不出理由，但那些理由依然存在。

既然愛上別人的確有原因，我們是在某些條件之下才會墜入情網，那麼「無條件的愛」還有可能存在世上嗎？或者「無條件的愛」根本就是說不通的概念？這就要看我們愛上的人格特質是否彰顯了戀愛對象的自我本質。

自我本質

自我本質是一個人最根本、最穩定的某些特質，也就是我們的品格，其中包括我們真正奉守的一些原則，不一定等同於口頭宣稱的原則。我們無法直接看穿別人的自我本質，只能透過一些看得見的外顯特質，以及別人的行為來了解對方的品格。

一個悲天憫人、勤奮努力、富有耐心、熱心公益的女子——這些特質組成了她的品格——可能為弱勢兒童推動一套輔助計劃，這套依據各種外在因素安排的計劃能否成功，或許和她這個人扯不上關係，然而她會推動這套計劃，卻是因為她的某些人格特質使然。她的行為（推動這項計劃）能反映她的品格，但這個行為的結果（計劃成功與否）就沒有這個作用。如果有位男子無條件地愛上她，他當然樂於看到計劃成功，而為計劃失敗感到難過；不管他是喜是悲，他對她的感情都不會改變，因為她的自我本質沒有改變。

當別人因為我們有錢、有權、有名而愛上我們，就是有條件的愛；

因為我們堅定、熱情、溫暖而愛上我們，則是無條件的愛。

創造「快樂圈」

心理學家溫尼考特（Donald W. Winnicott）發現，有母親陪在身邊玩耍的兒童，比母親不在身邊的孩子更有創造力。小孩只要待在母親的某個視線範圍內，便能發揮高度創造力，這個視線範圍可以說是一種「創造圈」（circle of creativity），也是容許孩童探險與嘗試、跌倒再站起來、失敗又成功的活動領域，因為小孩在願意付出無條件的愛的大人面前會產生安全感。

大人的抽象思考能力高於兒童，因此不必分分秒秒待在親人附近，便能跨入「創造圈」。當我們了解自己擁有無條件的愛，也會在心裡創造一個安全區。無條件的愛還能創造「快樂圈」（circle of happiness），鼓勵我們追求有意義、有樂趣的事物。在「快樂圈」裡，我們可以拋開功名，如魚得水地滿足個人嗜好，不論從事藝術、銀行、教書，或園藝工作都好。無條件的愛是感情幸福的基礎。

如果有人真心愛我，對方一定希望我流露真正的自我，也願意誘導我展露這些特質。

愛情的意義和樂趣

無條件的愛是感情幸福的必要條件，但不是充分條件，其他要件還包括為感情創造意義和樂趣、兼顧現在及將來的利益，如同在職場和學校一樣。

在拚命三郎的感情世界裡，夫妻主要是為了共同取得某些未來利益而廝守在一起，例如擴大社交範圍、提高經濟能力等等。有些夫妻認為他們是為了正當理由才勤奮工作、聚少離多，以為這樣是為了婚姻關係著想，能共同創造安定幸福的未來。有時候，我們固然得為將來的目標犧牲眼前利益，但如果大部分時間都為將來而活，終將導致婚姻破裂。

享樂主義者是另一種極端，他們走入和評估一段感情的主要依據，是看自己能夠從中得到多少樂趣。享樂主義者誤把享樂當成快樂，誤把情慾看成愛情，卻換來愛情樂趣日漸沖淡的結果，因為他們只求得到立即的滿足，缺乏意義深遠的感情基礎，所以不可能永遠幸福。

虛無主義者又是何種情況？他決定結婚的原因，可能是覺得「應該」這麼做，或者是所有朋友都結婚了。他對婚姻沒有太高的期望，也得不到太多的好處，只是得過且過、愁眉苦臉地留在伴侶的身邊。

愛與犧牲

相信只要找對了終生伴侶就能得到快樂的人，很有可能因為必須對配偶、子女，或婚姻制度負責，而陷入不愉快的婚姻關係。他們誤以為犧牲就是美德，不承認為了另一半勉強守住這份婚姻只會令雙方沮喪和痛苦。日積月累之後，犧牲自我的一方將怪罪另一半剝奪了他在別處可能尋獲的生活意義和樂趣，另一半則是痛苦地得知對方是因為不得已才留在身邊，不是因為想留下，所以也無法為婚姻找到意義和樂趣。

就算是真心相愛、希望白頭偕老的夫妻，也有可能因為相信愛就是犧牲，犧牲愈大表示愛得愈深，而毀掉婚姻的幸福。值得注意的是，在患難時期守著婚姻伴侶不叫犧牲；當我們真心愛一個人的時候，往往會覺得幫助對方就是幫助自己。心理學家布蘭登強調：「愛情最重要的互補關係是：除了照顧自己的利益，也考慮到對方的利益。」

我所說的犧牲，是指一個人願意放棄某樣能讓自己快樂的重要東西。比方說，當一位女士為了成全丈夫接下海外的工作，決定永遠放棄她所熱愛而且是在別處找不到的工作，就是一種犧牲。因為如果那是一份合乎個人興趣的志業，放棄那份工作就會減損她的快樂。當這位女士為了幫助丈夫完成某件重要工作而請假一星期，就不算是犧牲，因為她不需要委屈自我，她的快樂也不會因此減少。由於她的快樂與丈夫的快樂息息相關，雙方只要看到對方很快樂，自己就會覺得更快樂，所以她幫助丈夫也等於幫助自己。

我們很難分辨何種行為會犧牲長期的婚姻幸福、何種行為能促進婚姻成長，只能透過觀察夫妻兩人是否快樂的方式，來區分何種行為有害，何種行為有利。維繫婚姻有如進行一場終極貨幣交易，道理與商場交易相通。雙方在交易過程中獲利愈多，婚姻關係愈有可能幸福美滿。當其中一方的終極貨幣出現短缺的情況（例如妻子不斷放棄生活意義和樂趣，好讓丈夫獲得更多生活意義和樂趣），將來的結果便是雙方都變得比較不快樂。要從婚姻關係獲得滿足感，夫妻都要感受得到雙方的交易是公平的。

專門研究婚姻關係的心理學家海特翡德（Elaine Hatfield）指出，一般人都不喜歡對婚姻「付出太多」或「付出太少」，當夫妻雙方一致認為他們的關係是平等的，就比較容易滿足，感情也比較可能加溫。當然，這不表示雙方必須賺一樣多的薪水才能平起平坐，婚姻關係的平等得看夫妻雙方快樂與否來評定。雖然妥協讓步在婚姻關係裡是自然、健康的現象，丈夫和妻子也會在不同時期為對方放棄一些生活意義和樂趣，但是大體而言，婚姻關係多半能使配偶互蒙其利，並使雙方認為兩人應當生活在一起才會更快樂。

寧願被了解，不要被認可

在美國，約有四〇%的夫妻是以離婚收場，這是個令人感到悲觀的統計數字，意味著美國人沒有能力維持天長地久的愛情。當我們看到其他六〇%尚未離異的夫妻也不一定擁有幸福婚姻時，更是感到不樂觀。這數字難道是在暗示美國人注定無法長期遵守一夫一妻制的婚姻關係嗎？並非如此，憂鬱症的統計數字也沒有暗示我們注定一輩子都會活得不快樂。

有時候，離婚固然是最佳選擇，因為所有夫妻不一定都合得來，或能互相容忍，但夫妻分手的原因，通常是對愛情的本質和維持愛情的條件產生根本誤解。許多人誤把純粹的性慾當成真愛，然而性吸引力只是愛情的必要條件而非充分條件。以性慾為主要基礎的感情無法通過時間的考驗，不管單方的「客觀」吸引力，或雙方的「主觀」吸引力有多強，戀愛初期那種怦然心動的感覺和純粹的感官吸引力，都會隨著時間慢慢消融。新鮮事物能刺激我們的感官，「奇情會演變成色情」，然而經過時間的洗禮後，朝夕相處的伴侶就會對彼此失去新鮮感。

雖然失去新鮮感會減少感官刺激，但在逐漸習慣和了解伴侶之後，卻可以增進彼此的親密程度，使得雙方愛得更深也更「性」福。性治療醫師史納克（David Schnarch）在《熱情的婚姻》（*Passionate Marriage*）這本書裡反駁同行普遍持有的一個觀點：性慾和激情只是一種生理的衝動。假如性慾果真只是生理的衝動，那麼夫妻想要長期維持感情濃密的婚姻關係，就沒有太大指望了。不過，史納克以數十年時間研究了許多對夫妻之後證明，只要我們用心了解另一半，也讓對方了解我們，即可改善性生活。

史納克表示，要培養真正的親密感，必須轉移婚姻關係的重心，從渴望得到認可（或是贊同與讚賞），變成渴望獲得了解。為了使夫妻間的愛情與熱情日益滋長，雙方都必須擁有被了解的意願。換句話說，就是要將最深層的那個自我——包括自己的欲望、恐懼、幻想和美夢——赤裸裸地攤在對方眼前，即使別人再怎麼因勢利導都不願敞開自我的人，也應該這麼做。長此以往，雙方必定能為彼此創造一份愈來愈清晰的「愛情圖譜」，也會愈來愈了解對方的價值觀、嗜好、期望，以及對方關切的事物。

了解和被了解可能是個永無止境的過程，但雙方總是能從彼此身上揭露和發掘更多的內涵，讓婚姻關係保持趣味感、興奮感和刺激感。當夫妻將注意力從「被認可」轉移到「被了解」，雙方無論是一起喝咖啡聊天、照顧子女或做愛，都會覺得更有意義、更有樂趣。

經營婚姻比找對伴侶更重要

很多人以為，婚姻幸福的關鍵是找到合適的伴侶。事實上，維持幸福婚姻最重要也是最難做到的一項因素，不是找到合適的另一半（我不相信每個人只找得到一位真命天子或真命天女），而是好好經營自己選擇的婚姻。

大家誤以為找對伴侶比經營婚姻來得重要，至少有一部分原因要歸咎於電影。很多電影都在描寫男女主角如何歷經多次的考驗和試煉，才找到真愛的故事，而且結局總是情人歡聚，熱情擁吻，從此過著幸福快樂的生活，或是讓觀眾產生這樣的假想。問題是，電影總在愛情萌芽之際劃下句點，而在現實生活裡，愛情最大的挑戰卻出現在「從此過著幸福快樂的生活」以後；太陽下山之後往往才是麻煩的開始。

「只要找到真愛必能永遠活得幸福」是個錯誤的觀念，導致許多夫妻不在乎婚姻的過程——包括每天都會遇到影響雙方感情的問題、活動和事件。誰會真的以為只要自己找到理想的工作和職場，就不再需要努力打拚？這樣肯定招致失敗的後果。面對感情關係的時候也是如此，當我們墜入情網後，真正麻煩的事情才要展開，培養親密的感情不是件容易的事。

夫妻應當依靠了解與被了解的方式來培養親密的感情。只要根據雙方對彼此的了解採取一些行動（參與能為雙方創造意義和樂趣的活動），就能增進夫妻間的親密感。當夫妻逐漸了解彼此，一起投入雙方最喜愛的活動，就為婚姻建立了一座抵擋狂風暴雨的基石，也為愛情和婚姻提供了綻放幸福花朵的沃土。

日常練習

寫一封感謝函

賽利格曼常在他的正向心理學課堂裡鼓勵學生寫下感謝函，並且親口向他們關心的人表達謝意，這個簡單的練習常為寫信人和收信人，以及雙方的感情帶來深遠的影響。

一封感謝函不只是一張感謝卡而已，在寫信的時候，應當仔細回顧你從某一段感情之中找到的意義和樂趣，也要描述其中某些特殊經歷、你與對方共有的理想，以及這段感情為你帶來哪些溫馨的感受。

感情專家高特曼（John Gottman）可根據某些夫妻敘述的過去經歷來預測婚姻幸福的狀況，如果這些夫妻只提到他們共度的快樂時光，只記得他們喜愛的陳年往事，就比較可能擁有幸福的婚姻。當配偶雙方都把注意力放在有意義、有趣味的生活經驗，便能鞏固婚姻關係，增進夫妻情感。在寫感謝函的時候，應該強調感情關係──包括過去、現在和未來關係──裡的正面因素，這樣更能強化那些感情。

建議你養成每個月對你關心的人——情人、家人，或好友——至少寫一、兩封感謝函的習慣。

日常練習

句子接龍習作

以下這些未完成的句子能幫助你從你的感情關係——包括愛情、親情，或友情——之中得到更多的愛，有的句子適用於正處於某段感情的人，有的適用於正打算建立一段感情的人，大部分則適用於兩者。

▽戀愛的意義是，＿＿＿＿。

▽要成為更好的朋友，＿＿＿＿。

▽要成為更好的伴侶，＿＿＿＿。

▽如果我想為我的愛情多增加一點樂趣，＿＿＿＿。

▽如果我想為我的友情多增加一點樂趣，＿＿＿＿。

▽要讓我的生活裡有愛，＿＿＿＿。

▽我慢慢了解，＿＿＿＿。

▽如果我願意為了滿足我的欲望多負些責任，＿＿＿＿。

▽如果我願意盡情體驗愛的感覺，＿＿＿＿。

第三部 思想篇

時間運用的方式不僅是決定快樂程度的要素，也是最容易改善的要素。

第九章

利己與利人

別問自己：世界需要什麼；要問自己：什麼事能賜給你活力，然後放手去做，因為世界需要有活力的人。

——美國詩人惠特曼（Harold Whitman）

教書是我的志業，我的學生囊括了企業主管、大學學生，還有前途未卜的街頭少年。我從事教職，是因 為教書使我快樂，兼顧現在和未來的利益，也提供生活意義和樂趣。成為老師，是因為這是我「想做的事」（熱愛教書），不是我「該做的事」（基於某個抽象的責任感才步入杏壇）。

換句話說，我不是利他主義者。我做任何事情，不論與朋友聚會，或投入慈善工作，最重要的理由，是因為它使我快樂。所做的一切，都是為了得到理論上或實質上的終極貨幣。

有些人一聽到「我們的行動應該以滿足個人的利益和快樂為出發點」這句話，心裡就會感到不安，原因來自他們坦白或暗中接受的一個觀念：道義責任。十八世紀深具影響力的德國哲學家康德（Immanuel Kant）告訴我們，「出自某種責任感所採取的行動，才具有道德價值」。那麼當我們為了滿足私利而採取行動，就不可能是一種道德行為了。依照康德的觀點，如果一個人是因為個人偏好——因為能得到快樂——才去幫助別人，這種行為便沒有道德價值。

大多數主張「犧牲自我為道德之本」的哲學或宗教，也和康德一樣認為，利己的行為必然違反他人利益，如果我們不壓抑自私的傾向，就會傷害別人，漠視他人需求。

這種觀點不承認一個事實：我們根本不需要在「助人」和「自助」間做選擇，兩者井水不犯河水。美國詩人及哲學家愛默生曾說：「人生

擁有快樂人生的條件

最完美的補償是：人若不先自助，亦無法誠心助人。」自助和助人是密不可分的，愈常幫助別人就活得愈快樂，活得愈快樂也愈愛幫助別人。

為了讓別人快樂而奉獻自我，能為我們創造生活意義和樂趣，所以助人也是擁有快樂人生的重要條件。當然，我們也應該牢記「幫助別人」和「為了別人的快樂而活」之間的分野。如果不把追求自我的快樂擺在前頭，就會傷害自己，也連帶破壞助人的興致。不快樂的人比較不懂得為別人著想，也會活得更不快樂。

心理學家傅蕾德瑞克蓀（Barbara Fredrickson）的研究指出，正面情緒能擴大我們的視野。心情愉快的時候，比較能超越狹隘閉塞、自我中心的觀點，也能關心別人的需要與期望。艾珊（Alice Isen）和喬琪（Jennifer George）的研究也證明，我們在心情愉快的時候比較樂於助人。當我們從事有意義、有樂趣，又可助人的活動，往往能得到極大的快樂。

在做某些選擇之際，首先要問自己：什麼事情能使我們快樂，而不必考慮那件事情能否使別人快樂？接著再問自己：我們想做的事情是否會剝奪別人追求快樂的能力？如果是的話，我們的快樂也會打折扣。當我們傷害了別人，必然受到同理心和正義感的譴責，也將付出不快樂的代價。

對於認同道義責任的人來說，要找到生活意義，過合乎道德的生活，就必須有所犧牲。「犧牲」是「不愉快」的同義詞，如果犧牲是件愉快的事，那就不叫犧牲了。因此，道義責任會使生活意義和生活樂趣相互牴觸。

快樂不是犧牲，也不是在眼前的利益和未來的好處、意義和樂趣、自助和助人之間二選一，而是綜合所有快樂元素，創造使這些元素和諧共存的生活。

日常練習

利他行動冥想

依照第二章「快樂冥想」練習的指示，試著讓身體進入平靜放鬆的狀態。

回想一段你對別人伸出援手而感到心情暢快的經驗，用冥想的方式觀察對方的反應，同時回味自己的感受，讓那些感覺在腦海裡重現。當你在心裡看見對方，也體會到自己的感受時，請暫時拋開自助和助人何者為重的問題。接下來請思考一個你將來可能採取的利他行動，例如與朋友分享某個概念、送花給情人、陪子女讀書，或捐錢給你信任的慈善機構，然後想像你完成每個善行之後油然而生的那種強烈喜悅感。

如果你已遵照第二章的建議，養成了定期做「快樂冥想」的習慣，請再加入「利他行動冥想」的練習。

第十章
快樂推進器

盡可能讓你的生活充滿歡欣熱鬧的時刻與感受，先去體會某個愉快的感受，再去加強同樣的感受。

——美國勵志演說家薇德（Marcia Wieder）

在理想的世界裡，我們每天從早到晚都能參與有意義也有趣味的活動，而在現實世界裡，這種好事不可能發生在大多數人身上。一名單親媽媽永遠無法為了得到她比較喜愛但薪水較少的工作，而辭掉一份薪資優渥的職業，在她心目中，讓子女衣食無虞，受良好教育，才是最重要的事。

比這位單親媽媽擁有較多選擇的人，則可以名正言順地犧牲短期的樂趣，為將來牟取更多的利益。例如一位剛畢業的大學生，可能希望先在投資銀行工作兩年，累積實務經驗，儘管不喜歡每天坐在電腦前工作十四個小時，她依然留在工作崗位上。只要她記得快樂是她的最高目標，而且不讓自己掉進拚命三郎的陷阱（無限期延後滿足欲望），那麼先在銀行裡待兩年，或許才是上策。

不過，大多數人，無論是富是窮、是老是少，總會經歷一些不如意的人生階段。我從未遇過喜歡考試的學生，即使在最受歡迎的職場，也會碰到趣味性較低的工作。不管是出於自我的需要或選擇，大多數人總有一段時期必須從事無法滿足個人期望的活動。值得慶幸的是，這不表示我們在遇到考試、工作乏味、初入職場頭兩年、子女需要我們給予經濟支援的未成年階段等時期，就一定活得不快樂。

有意義也有樂趣的活動彷彿暗房裡的蠟燭，只要一、兩株小小的火光就能照亮整個房間。在生活乏味的階段遇到一、兩次愉快的經驗，也能使我們的心情開朗起來。這些歷時短暫卻能轉換心情的經驗，我稱之為「快樂推進器」（happiness boosters）。意思是持續時間從幾分鐘到幾小時，能為我們提供生活意義和樂趣，使我們現在和將來都能受益的休閒活動。

「快樂推進器」能帶來刺激與活力，對我們的行為動機產生拉力與推力。以前面提到的單親媽媽為例，如果她把利用週末攜帶子女完成一趟有意義的旅遊活動當成「快樂推進器」，便可以改變她對生活現況——包括長時間工作——的整體感受。這趟旅行能使她產生工作動力，幫助她順利熬過一個星期，每天早晨起床上班時也有了一件可以期待的事情。另一方面，這趟旅行也能讓她產生活力，推動她為下個星期重新儲備工作動機。再以那位年輕的投資銀行專員為例，如果她每星期花兩小時協助社區中心理財，並與朋友共度一晚，那麼她在銀行服務的兩年期間，就能忍受，甚至愛上那些勞心勞力，又沒什麼成就感的理財工作了。

我認識某大顧問公司的一位合夥人，今年五十開外的他已經做膩了顧問工作，又不願離開自己的專業，放棄和家人習以為常的生活型態。

不過，他還是可以減少工作量，接觸一些有趣的活動。最近，他每週至少陪家人兩個晚上，並挪出三個多小時看閒書，而且每兩週打一次網球（如果遇到出差就去體育館健身）。另外，他還加入高中母校董事會，想為下一代的教育做些有意義的貢獻，從來不對客戶爽約的他也絕不錯過任何家庭聚會、學校會議，或個人活動。雖然他還是非常希望上班時間都能做愛做的事，但已經比過去快樂多了。

漸進式的改變

「快樂推進器」也能助人順利度過改變的過程，因為我們常在明知自己應該培養新習慣、去除舊習慣的情況下，依然積習難改。十七世紀英國詩人德萊登（John Dryden）說：「我們養成習慣以後，便受到習慣的操縱。」如果習慣做拚命三郎，從小就受到這種習慣的制約，那麼想要脫離陀螺式的生活，就難上加難了。至於享樂主義式的生活型態，不但有弊無利，還會令人上癮，難以割捨。想改善生活品質，有個比較容易也比較可行的做法，那就是循序漸進地運用「快樂推進器」。

接觸比較短期且兼具意義和樂趣的活動，不像徹頭徹尾地改變生活那樣需要承受巨大心理壓力，也比較不會讓嘗試改變的人，以及他的家人、同事、朋友產生抗拒。一名希望轉換職業跑道的理財專員在改行當老師以前，不妨先嘗試每星期去學校當一次課後輔導義工，以便確定擔任教職是否真的能讓他兼顧現在和將來的利益。一位不愛教書而想轉往金融市場另謀高就的老師，也不妨利用課餘時間操作股票，以確定他想像中的改變能否使他更快樂。「快樂推進器」可提供嘗試與犯錯的機會，而且風險很低，有助於我們磨練技藝，做最想做的事。

閒暇的重要

我們常會異想天開地期盼每天都能過得稱心如意，但是這種生活總是可望而不可及，而且往往要等到晚間或週末從事有益的休閒活動時，才有實踐的可能。一般人最常犯的錯誤，就是在閒暇之時選擇接受被動式的娛樂，不願主動追求快樂。他們在職場或學校忙了一整天後，寧可無所事事，或呆坐在電視機前，不去參加既有樂趣又有意義的活動。當這些不花大腦的活動結束後，旋即進入夢鄉。這種生活型態更容易加強他們原有的想法，認為自己在忙完一天的雜事之後，已經累得提不起勁參加任何挑戰身心的活動了。

如果我們下班以後不願無所事事，而能投入既可挑戰身心，又充滿樂趣和意義的嗜好與活動，就可以提高恢復元氣、改善心情的機會。義大利教育家蒙特梭利（Maria Montessori）曾寫道：「獻身於自己喜愛的工作，可以休養生息。」「快樂推進器」不會斲傷我們的元氣，而能充實我們的能量。

日常練習

為自己找樂趣

把一星期之中所能從事的休閒活動列出來，包括平常可能參與的「一般性」活動（例如陪伴家人與朋友、閱讀閒書），以及能幫助你判斷自己是否需要大幅改變個人生活的「探索性」活動（例如每星期去學校當一次義工）。將這些活動納入每天的行事曆中，盡可能把參加這些活動變成習慣。

第十一章

超越短暫的快感

快樂與否靠自己。

——亞里斯多德

我太太塔蜜認為，快樂有「高度」與「深度」之分：「高度是指快樂的起伏程度，也就是情緒的高潮與低潮；深度是指快樂的穩定程度，也就是快樂的基準。」快樂的深度好比樹根，是快樂的恆定元素，也是快樂的基礎。快樂的高度猶如樹葉，雖然美麗動人，生命卻很短暫，會隨季節改變和凋萎。

許多哲學家和心理學家都曾提出一個問題：快樂的深度是否可以改

變？換句話說，我們是否一定得經歷某種程度的高潮與低潮？

美國知名整型外科醫師莫茲（Maxwell Maltz）在他的經典著作《心理神經機械學》（*Psycho-Cybernetics*）裡提到一種類似溫度計、能控制與檢驗人類快樂程度的心理機制。大多數人的這種心理機制終其一生都沒有太大的改變，他們的情緒變化、高潮或低潮，很快就會得到校正，並且立即恢復原有的快樂程度。有好事上門的時候（中樂透彩，或找到理想工作），我們當然會手舞足蹈，遇到不如意的事情（出現失落感），也會捶胸頓足。不過，這些情緒通常不會持續太久；無論是輸是贏，快樂深度都不會改變，而且很快就能恢復我們熟悉的那種愉悅感。

一項聞名於學界的明尼蘇達雙胞胎研究證實，從小被分開撫養的同卵雙生子，長大以後仍然具有類似的人格特質。還有一些研究指出，人類擁有基本的快樂程度。因此有些心理學家認為，人類的快樂程度取決於遺傳基因和童年經驗，所以成年人無法掌控自己的快樂程度。例如心理學家萊肯（David Lykken）及泰勒根（Auke Tellegan）便提出這個結論：「想盡辦法活得更快樂，可能就像努力設法增高一樣徒勞無益，只會得到反效果。」

這些誤導視聽的言論都在暗示我們能夠擁有多少快樂是命定的，卻忽略了許多證據顯示人類的基本快樂程度可以改變、每個人都能活得更快樂。比方說，醫術高明的心理治療師可以幫助人們增進快樂程度，偶然遇到一位朋友、一本好書、一件藝術品，或一個好點子，也可以使人活得更快樂。雖然遺傳基因會影響一部分的快樂程度（有些人天生就比別人樂觀開朗），但只能影響某個範圍，不會影響最後結果。《白雪公主》裡的壞脾氣小矮人或許培養不出開心果小矮人的人生觀，天生的愛哭鬼也不太可能把自己變成樂天派，但我們卻可以活得更快樂。可惜大多數人都沒有好好發揮快樂的潛能。

魯波摩絲姬、謝爾登，以及史凱德（David Schkade）這三位學者指出，一個人的快樂程度取決於三大因素：「遺傳因素、環境因素、活動和工作因素。」雖然我們無法掌控遺傳天性，有時也不太能左右周遭環境，但多少還是能主宰我們從事的活動和工作。魯波摩絲姬等人認為，第三項因素「最有可能持續增進快樂的程度」。從事有意義也有樂趣的活動，便可以大幅提高快樂程度。

以偏蓋全的錯誤

主張「快樂的深度是命定的」的心理學家，都犯了「以偏蓋全」的錯誤，他們從大多數人的行為引伸出結論，卻忽略其他不合乎一般情況的人。明尼蘇達雙胞胎研究便指出，所有同卵雙生子不見得都擁有完全一樣的快樂程度；其他研究也證明，參加各項活動的人在事後也不一定全部都能恢復原有的快樂程度。

一般情況只代表某種趨勢，不是必然現象或普世真理。那些不屬於常態的例外狀況，往往才能讓大家看出可能的真相。有些人一生都在逐步提升自己的快樂程度，這就表示重新設定快樂的基準是可能的。因此，我們應該關心的問題不是可不可能活得更快樂，而是如何才能活得更快樂，本書僅就這點提供了一部分答案。把注意力從名與利轉移到終極貨幣的人，就能提高基本快樂程度；積極追求現在和未來利益的人，也能得到長期的快樂。

強調快樂的深度無法改變，不但會誤導大家的想法，也可能產生不利的影響。如果一個人相信不論自己採取什麼行動，能得到多少快樂都得看老天爺的安排，就比較容易聽天由命，不會設法為自己減少障礙。這樣一來，正好應驗了快樂程度是由上天注定且無從改變的預言。更糟的是，由於根據了錯誤的理論認定自己無法改善命運，因此可能產生無力感、絕望感和空虛感。

雖然我們都擁有某種先天氣質（有些人開朗，有些人暴躁），而且總會遇到某些自己難以掌控的狀況，但多少還是可以操控運用時間的方式。諾貝爾經濟學獎得主卡尼曼說：「時間運用的方式不僅是決定快樂程度的要素，也是最容易改善的要素。」大多數人之所以沒有好好發揮快樂的潛能，就是因為沒有將寶貴的時間用對地方，不是像拚命三郎似的東奔西忙，就是不花大腦地追求享樂，或是成為虛無主義者。我們可以過貧乏的生活，也可以過充實的生活，若能妥善運用時間，時間就會成為快樂寶藏的守護者。

追求快樂可能是個永無止境的過程，我們所能擁有的快樂也是沒有止境的。在追求有意義也有樂趣的工作、教育和感情的過程裡，快樂程度也會漸次升高，不只是得到與樹葉同朽的短暫快感，而是擁有根基深厚又牢固的長期快樂。

日常練習

感恩探索

古柏萊德（David Cooperrider）等人在一九八〇年代開創了一個簡單的自我革新方法，幫助過無以數計的個人與組織獲得學習與成長，這方法就叫「感恩探索」（Appreciative Inquiry）。大多數心理輔導方案或心理諮商師只看到阻礙和問題，「感恩探索」則強調可行的方法，「感恩」的意思是接受並增強某個事物的價值（例如銀行裡有存款，就是件值得感謝的事），而藉由「探索」過去的正面經驗，我們也可以學到一些東西，並將所學應用到現在和未來的情況。

你可以自己做這項練習，但找個同伴或小團體一起做會更好。如果是和別人一起做練習，可輪流向別人敘述過去——十年前、上個月，或前幾天——曾有哪件事情讓你覺得比較快樂。那件事也許是一頓大餐、與家人共度的某個夜晚、一項工作計劃，或一場音樂會。想想看：那件事為什麼讓你感到特別開心？是因為你覺得與別人心意相通嗎？是因為你得到挑戰嗎？是因為它讓你肅然起敬嗎？

在獨自或經由別人的協助探索過一些正面經驗之後，就問自己：你如何運用從最甜美的經驗裡學到的東西，創造更美好的未來。下定決心投入你認為能帶給你更多樂趣的活動，以文字寫下承諾，也把這個承諾告訴與你一起做練習的人。

第十二章

讓自己發光

大多數人只要決心活得快樂，就能得到快樂。

——林肯總統

追求快樂的能力是我們的天賦，任何人、任何宗教、任何政府、任何意識型態都無權從我們身上奪走這項稟賦。開明國家會以政治制度，例如：憲法、法院、軍隊來保障人民自由追求快樂的權利，而在追求快樂的過程裡，所有外在力量都無法阻擋我們需要面對的一道最大障礙，那就是「我們認為自己不配擁有快樂。」

如果只了解本書提出的快樂理論——每個人都需要為生活尋找意義

和樂趣，不一定能得到長期的快樂。只要我們認為自己不配擁有快樂，就會限制追求快樂的能力，於是，我們可能看不見或不了解終極貨幣的潛在來源，浪費精力從事不喜歡的活動，不珍惜快樂的感受，或者老是想起所有不愉快的往事。

許多人在可以輕易找到愉快的工作時，卻選擇接受不喜歡的工作；很多人寧可陷入孤獨的處境，或守著破裂的婚姻，卻不肯努力尋找能同甘共苦、改善感情現況的對象。有些人雖然擁有能兼顧現在和未來利益的工作，卻依然絞盡腦汁為工作上的不愉快找理由；有些人好不容易在一段感情裡找到意義和樂趣，卻又千方百計破壞它。這些損害個人幸福的事情我都做過。為什麼有人願意自討苦吃？美國知名作家魏蓮森（Marianne Williamson）在《發現真愛》（*A Return to Love*）這本書裡說：

> 我們最深的恐懼不是自己不夠好，而是我們超乎想像的能力。我們害怕的是自己的光芒，而不是黑暗。我們自問，為什麼

我可以如此聰明、美麗、才華洋溢？事實上，為什麼你不能？

我們不快樂的時候究竟是誰？為什麼光明面比黑暗面更教人害怕？為什麼我們認為自己不配擁有快樂？

我們的快樂殺手是某些外在和內在因素，以及文化和心理偏見。追求快樂是天賦權利，快樂是個值得人人追求的崇高目標，然而這個概念卻遭到各種意識型態的譴責與中傷。許多文化傳統都假設「人性本惡」，認為我們天生具有侵略和殺戮的本能，文明的力量無法拯救我們的生活，我們將會應驗十七世紀英國哲學家霍布斯（Thomas Hobbes）的說法，活在「孤立、貧窮、污穢、暴力和脆弱之中」，誰願意拯救這些原本應該活得無憂無慮的動物？由於這種觀念深植於我們的文化中，難怪我們會覺得自己比較適合接受人性的黑暗面而不是光明面。

不但受到傳統觀念的束縛，許多人還會畫地自限。當我們認為自己不配享受快樂，就不可能珍惜某些能創造快樂的美好事物，因為我們不相信它們的確是我們應該得到的、是真正屬於我們的東西，因為我們害怕失去。這種恐懼感將導致某些預期中的行為自然得到應驗，例如害怕損失就真的造成損失；覺得自己不配享受快樂，果然就與快樂擦肩而過。害怕損失的人可能會採取萬無一失的方法來保護自己。當我們快樂的時候，不會在乎失去太多東西。當我們不想蒙受損失的時候，則可能拒絕接受任何利益。由於害怕遭遇最壞的結果，寧可不要最好的東西。

即使真的得到快樂，也可能因為發現別人比我們不幸而感到內疚。這種感受的背後隱含了一個錯誤的假設：追求快樂猶如一場零和遊戲，甲方得到快樂，乙方必失去快樂。魏蓮森說：「當我們讓自己發光的時候，也在無意間給了別人發光的機會。當我們擺脫恐懼，自然也為別人解除了恐懼。」掙脫對快樂的恐懼，才能為別人提供最好的協助。

存在的價值

要擁有快樂的生活，必須先感受到自我的存在價值。心理學家布蘭登寫道：「希望尋找某些價值的人，得先認為自己有資格享受那些價值；想追求快樂，也必須認為自己有資格享受快樂。」我們應當接受實實在在、原原本本、與有形成就毫無瓜葛的那個自我；我們應該相信自己都有快樂的權利，也有存在的價值，因為我們具備了體驗人生樂趣和意義的心與腦。

當我們不接受自己的存在價值，就會忽略或糟蹋自己的才華、潛力、快樂與成就。例如我們可能會使用「是啊，不過……」的句法這麼說：「是啊，我的人生的確有意義也有樂趣，不過萬一那種意義和樂趣無法持續怎麼辦？」「是啊，我的確熱愛我的工作，不過萬一我老是覺得這工作很無聊怎麼辦？」「是啊，我的確找到了心愛的伴侶，不過萬一她棄我而去怎麼辦？」不願接受發生在我們身邊的好事，會讓我們活得不快樂。如果因為看不到所有潛在的快樂來源而始終愁眉不展，又會產生空虛感。

我們必須保持開放的態度，才能接受朋友或大自然賜給我們的禮物。當一個瓶子的瓶蓋被拴緊的時候，無論我們試著倒下多少水，或者倒了多少次，都無法為瓶子裝滿水，水只會沿著瓶身流下來，永遠填不進去。接受自我的存在價值，便是一種開放的態度，表示願意擁抱快樂的人生。

日常練習

句子接龍習作

完成下列幾個句子能幫助你跨越某些快樂障礙：

▽阻礙我得到快樂的事物，＿＿＿＿＿＿＿＿。

▽如果我拒絕依照別人的價值觀過日子，＿＿＿＿＿＿＿＿。

▽如果我能，＿＿＿＿＿＿＿＿。

▽如果我允許自己享有快樂的權利，＿＿＿＿＿＿＿＿。

▽當我欣賞自己的時候，＿＿＿＿＿＿＿＿。

▽如果我想為生活多增加一點快樂，＿＿＿＿＿＿＿＿。

▽我開始了解，＿＿＿＿＿＿＿＿。

常做這部分的練習和本書所附的其他句子接龍習作，能使你的觀念與行為產生相當大的轉變。

第十三章

善用想像力

如果我們都能返老還童，從八十歲漸漸回到十八歲，人生一定更快活。

——馬克吐溫

假設你現在是一百一十歲，有人剛發明了一架時光旅行機，而你雀屏中選，可以優先使用這架機器回到從前，人生閱歷與人生智慧都很豐富的你，就要跟比較年輕生澀的你相聚十五分鐘，屆時你會對自己說些什麼？提出哪些忠告？

這是我在讀過心理治療師葉勒姆（Irvin Yalom）針對癌末病患所寫

的報告之後產生的假想，那篇報告敘述：

當病人坦然面對死亡以後，反而活得比生病以前更豐富、更開闊。很多病人都表示，他們的人生觀自此有了戲劇化的轉變。不會在意瑣碎的小事，並且產生了自主感，不再做不想做的事，也能開誠布公地與親人好友溝通，完全活在當下。不留戀過去，也不期待未來。當一個人不在乎生活瑣事之後，會更懂得感謝世上的一切，包括季節的變換、飄零的落葉、逝去的春天，尤其是別人的關愛。我們一再聽到病人們說：「為什麼我們要等到被病魔折騰成現在這副德行，才懂得珍惜和感謝人生？」

當我讀到這些癌末病人的報告時，最讓我訝異的是，那些病患在得知病情以後，對人生還是有同樣的疑問與答案，認知能力與情緒能力也沒有改變。《聖經》裡提到的先知不曾告誡他們如何活下去，中國、印度，或希臘的先聖先賢不曾向他們透露快樂人生的祕訣，沒有人為他們提供增強腦力或振奮心靈的藥物，也沒有讀過可能改變一生、具有革命性的自助書籍新作，然而他們卻運用天賦的能力改變了自己的人生。從前，這些天賦能力似乎不足以為他們創造快樂。現在，儘管沒有獲得新的知識，卻對過去所知道的一切產生新的覺醒。換句話說，他們早就知道應該如何過日子，只是一直忽略或沒有發覺這些知識的存在罷了。

假想自己乘著時光旅行機回到從前，能讓我們警覺到生命的短暫與可貴。雖然一名高齡一百一十歲的人瑞擁有較多的人生經歷，我們也必須度過許多個寒暑才能逐漸累積人生智慧，但是我們在五十歲甚至二十歲的時候，就已經知道有幸活到一百一十歲的人瑞可能擁有哪些人生經歷了。保持自覺很重要，英國劇作家蕭伯納曾經戲謔地說，「別把青春浪費在年輕人身上」，這句話現在看來仍然一針見血。

哲學、心理學，或自助書籍能為我們傳授的快樂新知非常少。一本書或一位老師對我們最大的幫助，就是提高我們的自覺，使我們更懂得充分運用既有的知識。歸根結柢，我們還是得依靠內省和發問的能力追求進步、成長與快樂。

日常練習

採納自己的建議

請依照下列指示做練習：假想自己已經一百一十歲，或比現在的年齡再大一些，花十五分鐘建議自己如何從生活裡尋找更多的快樂，然後展開行動。可以把建議寫下來，並且盡可能付諸實施。比方說，如果你建議自己多花些時間陪伴家人，就要每星期或每兩週陪家人出遊一次。

記得經常回頭做這個練習，看看寫過的內容，增加幾個項目，同時檢查是否採納了自己的建議。

第十四章 放慢腳步

人生這條長河的黃金時刻從我們身邊匆匆流過，我們只瞧見河中的沙粒；天使造訪凡間，我們只在他們離開以後才知道他們來過。

——英國女小說家愛略特（George Eliot）

我一直認為寫這本書是個意義非凡、樂趣無窮的活動，但是二〇〇六年的暑假期間，我卻失去了寫作興致，覺得這是件稍嫌瑣碎的工作，也不像平日那樣經常寫到忘我的地步，原因何在？因為我失去了一樣心目中最重要的快樂元素：時間。

這年夏天，我正準備完成允諾出版商在七月一日交出的手稿，同時又在全國各地主持研討會和演講會。雖然這都是我愛做的事情，教書和寫作也讓我覺得有意義、有樂趣，然而因為想做的事太多，不但把自己搞得手忙腳亂，也犧牲了快樂。許多人因攬下過多事情而作繭自縛的情形，或許可為經濟學家卡尼曼等人在一項研究中發現的意外結果提出解釋。這項研究要求一群女士將自己在前一天的活動寫下來，並敘述對各項活動的感受。這些女士羅列的事項有：用餐、上班、照顧子女、購物、通車、社交、行房、整理家務等等，最出人意表的結果是，有一大群媽媽都表示最不喜歡把時間用來照顧子女。

與卡尼曼共同發表這篇論文的作者舒華志（Norbert Schwartz）為此提出如下說明：「一般人在聽到別人問他們會花多少時間與子女相處時，總是想到好的事情，譬如為子女讀一本故事書，或帶他們上動物園，卻忘了把其他情況也考慮進去，例如自己想做別的事情，卻發現時間被子女瓜分了。」父母大都覺得養兒育女是件有意義的事（說不定還是此生當中最有意義的一件），但由於事情太多，分身乏術，生活樂趣遂顯著減少。手機、電子郵件、網際網路，加上日趨繁雜的現代生活，導致大家的時間壓力不斷上升，而參與有趣的活動也會打散時間。舒華志說：「當太多事情競相佔據我們的時間和心思，就會喪失活在當下的能力，也會失去欣賞與享受生活的能力。」

時間壓力無所不在，多少可以解釋憂鬱症罹患率普遍增加的原因。我的教學工作之一，是幫助大學生撰寫個人履歷表。每年最讓我跌破眼鏡的一大發現，便是學生們的成就總是比前幾屆的學長更優秀，至少從書面上看來是這樣。起初，我很佩服他們那些了不起的成就，後來才發現，他們為了在一頁履歷表中擠進更小的字體和更大的頭銜，付出了多少代價。有一份研究披露，美國有四五%的大學生罹患憂鬱症，九四%的大學生表示他們「承受不了各種課業壓力」。

我們總是過於忙碌，只想在愈來愈少的時間裡塞進愈來愈多的活動，卻無法細心品味與享受可能存在我們四周的快樂資源。那資源也許是我們的工作、一堂課、一首樂曲、一片風景、我們的心靈伴侶，甚至是我們的子女。那麼，我們是否能無視快速競爭的環境，享受更愉快的生活？壞消息是：我們找不到可以擺脫所有疑難雜症的萬靈藥，只能簡化生活，減緩步調。好消息是：簡化生活，減少活動，不一定會犧牲個人成就。

化繁為簡！

梭羅在十九世紀便告誡當時的人要簡化日常生活：「簡單、簡單、再簡單！我奉勸各位只做兩、三件事情，不是一百件或一千件，而是把一百萬件事情減少到六件。」這段話可能更適合用在現代人身上，因為今日世界比從前更趨複雜，壓力似乎也以十分之一秒的速率不斷竄升。

時間是有限的資源，太多事情都在搶奪這項資源。我們毫無節制地勞碌奔波，經常處於神經緊繃的狀態，以致於在許多方面都過得不愉快。夫妻檔心理學家韓德瑞克（Susan and Clyde Hendrick）在一項研究中指出，簡化生活是維護感情幸福的要件：「如果我們能幫助別人簡化生活，就能減輕他們的壓力，也很可能大幅增進他們的感情（包括情愛與性愛），豐富他們的正面生活。」

心理學家凱塞也在他的研究中指出，「時間充裕」是有效預測快樂程度的一項因素，「物質充裕」則不是。時間充裕表示一個人有足夠的時間從事他認為有意義的活動，也有足夠的時間思考與休閒；時間貧乏則表示這個人總是處於緊張、忙碌、加班、落後的情況。放眼望去（通常是觀察自己），一定會發現我們的社會裡瀰漫著時間貧乏的現象。

要提升快樂程度，除了簡化生活別無他法。這意味著我們必須保護自己的時間，學習多拒絕一些別人的要求和某些機會，這點並不容易做到。那表示我們需要排出優先順序，選擇自己最想做的事，同時還要放棄其他活動。值得慶幸的是，做得少不見得一定會犧牲成就。

少即是多

本書探討的主題之一是：成就與快樂可以並存，我也三番兩次地挑戰「不勞則無獲」這句話。雖說成長——包括體格和人格兩方面——必須經歷一些痛苦，但如果認為享受人生無法使人成長與茁壯，就大錯特錯了。米哈里的忘我理論便指出，最佳感受（活得快樂）和最佳表現（盡展所能）是相輔相成的。只要參與難易適中的活動，就能增加忘我經驗，同樣原則也適用於時間管理。

哈佛大學商學院教授安瑪柏（Teresa Amabile）曾在《哈佛商業評論》刊登了一篇專文「槍口下的創意」，這篇文章打破了「在壓力之下工作可創造優良績效」的迷思：「在槍口威逼之下產生的創意，往往只有一命歸天的下場。時間壓力雖然可以驅使人們完成更多工作，甚至覺得自己更有創意，但通常只會導致他們採用比較缺乏創意的方式進行思考。」努力工作固然是成功的必備條件，努力過頭卻可能扼殺而不是促進成功。時間壓力也會引起挫折感，當我們產生挫折感或其他負面情緒，思想就變得比較受限、比較狹隘，也比較沒有創意。安瑪柏還發現，一般人因為不了解這個現象，才會產生自己在時間壓力之下更有創意的錯覺，這也正是為什麼大家難以擺脫壓力和忙碌的原因，對創意的錯誤認知造成了壓力揮之不去的後果。

安瑪柏的研究還提到「壓力殘留」現象──壓力過高不只在當事人感受到壓力期間降低了創造力，而且還會持續好幾天。當我們貪婪地攬下更多事情，就會犧牲成長潛力，包括終極貨幣和有形成就的成長。即使我們參與的各種活動能帶來快樂，我們還是可能活得不快樂。吃了太多世界上最美味的食物，不管是巧克力、義大利麵，或漢堡，都不會讓人愉快，投入太多好玩的活動也不見得是件愉快的事。數量影響品質，好事不能過量，過猶不及。

一位品酒師不會一口氣喝乾整杯酒，為了全心全意地享受濃郁的酒香，她會慢慢地聞、慢慢地嘗、慢慢地鑑賞。要成為生活品味大師，我們也需要慢慢地享受豐富的人生。

日常練習

簡化生活！

回頭看看第三章後面的「記錄日常活動」練習，如果你尚未做完這項練習，或已經做過一段時間，請將你在前一、兩個星期參加過的活動寫下來。看著這份生活紀錄回答下列問題：我可以簡化哪些部分？我可以放棄哪些活動？我是否花太多時間上網或看電視？我可以減少上班期間開會的次數，或開會的時間嗎？我會接受我能拒絕的活動嗎？

下定決心減少忙碌程度，排出時間全心全力地從事有意義也有樂趣的活動，例如陪伴家人、養花蒔草、專心執行工作計劃、冥想、看電影等等。

第十五章

快樂革命

世人務必了解一件事：物質享受帶來的樂趣品質不高，其快樂程度甚至低於不曾奢求物質享受的人得到的快樂。

——美國大法官何姆斯

科學革命為人類創造了數不清的福祉。在農業方面，農夫不再向天祈雨，而將體力投注於耕作，於是才有能力餵飽地球上的每一個人。在醫學方面，巫醫偏方被盤尼西林取代，人類壽命從中古世紀的二十五歲左右，延長到今天的七十歲上下。在天文方面，人們不再認為地球是一塊由烏龜扛在背上的平坦大地，而是繞著太陽運行的圓形球體，此外還將人類送上了月球，不斷深入太空開疆拓土。

大多數人看到這些了不起的成就，自然對科學產生信心。科學已然成為現代宗教，卻無法為人類所有的問題——包括個人和社會問題——提供解答。事實上，認為科學是萬能的，可能使我們遭遇一連串的新問題，其中一個堪稱科學革命副產品的大問題，就是唯物觀（material perception）的盛行，大家都將物質擺在最重要的地位。

科學革命固然推翻了世界大部分地區的迷信（相信雨神、巫醫、巨龜），也同時揚棄了非關物質、無法計量的事物，儼然將有價值的物品連同廢物一起扔掉。由於「快樂」和「靈性」這兩樣密不可分的東西不屬於物質領域，在科學革命以後的世界失去了重要性，於是也被人們拋棄了。唯物觀至少可為大家迷戀物質財富而得不到快樂的現象，提出一部分解釋。

為了避免引起誤會，我先聲明一點：對唯物觀提出批評，絕不等於對資本主義提出批判，因為「自由」是資本主義的核心觀念。英國首相邱吉爾曾評論道：「資本主義最大的缺點是：利益無法均霑；社會主義最大的優點是：壞處平均分攤。」歷史及社會科學研究已經證明邱吉爾說得對：生活在自由國度的人民，通常比生活在控制經濟體制下的人民快樂。當追求物質財富的自由被累積物質財富的衝動所取代，問題就出來了。

我們可以放棄「唯物觀」，選擇「唯樂觀」（happiness perception），也就是不再把追求物質看成最崇高、最重要的目標。

接受「唯樂觀」

唯樂觀認為，快樂是終極貨幣，也是其他所有目標最後的終點。唯樂觀不是反物質，而是推翻物質原有的地位，不再讓它高高在上。深諳此理的亞里斯多德寫道：「快樂是人生的意義和目的，也是全體人類的生存目標。」達賴喇嘛也主張：「無論是否信仰宗教、信仰何種宗教，此生最重要的目標是活得快樂，最重要的行動是追求快樂。」我們儲存了多少終極貨幣，以及我們看重哪些事物，能廣泛影響個人生活與整個社會。當我們了解也相信快樂是終極貨幣，便能提高快樂的程度。

當我們只在乎如何為人生尋找更多的意義和樂趣（唯樂觀），而不在乎如何謀求更多的金錢和財產（唯物觀），就可以從追求快樂的過程和結果之中獲得好處。今天，由於唯物觀的盛行，很多人都問錯了問題。大學生多半只想知道學校如何幫助他們賺大錢；畢業生在挑選工作時，也只關心名位與升遷的問題，無怪乎憂鬱症有變本加厲的趨勢。

唯樂觀首先提出問題中的問題：「什麼事情能使我更快樂？」接著問：「什麼事情能為我創造意義？」「什麼事情能為我創造樂趣？」「我的專長是什麼？」最後問：「我的志業是什麼？」然後從學校、職場和生活之中找到自己最想做的事。解開了這些疑問，得到快樂的可能性才會大幅提高。

寧靜的革命

我認為散播唯樂觀能引發一場社會革命，其規模不亞於馬克斯期望推動的共產革命。馬克斯主義者的革命不但遭到失敗下場，而且奪走數百萬人的性命，還讓更多人過著水深火熱的生活。由於這場革命打從開始便採取不道德的手段——剝奪個人自由，因此注定只能製造災難與悲劇，快樂革命則會透過完全不同的手段創造截然不同的結果。

馬克斯倡導的革命是由外在動力促成，快樂革命則是源自內在動力。馬克斯是唯物主義者，認為歷史是靠物質條件在推進，所以必須藉助外在力量、透過物質手段來改變。快樂革命是將唯物觀轉化成唯樂觀，是一種心靈和內在的革命。快樂革命無須藉助外力，任何外力也無法掀起快樂革命，有意識的選擇，選擇用心尋找快樂，將快樂視為終極貨幣，才是唯一觸媒。

當人們在理論上和行動上都接受快樂是人生最高的目標之後，就會發生快樂革命。雖然很多人都同意這是事實，但若仔細觀察他們的生活方式，則會發現他們的生活動力主要還是來自其他因素。唯樂觀能幫助我們集體脫離現有的「普遍性憂鬱」狀態，此舉對整個社會的意義，絕不只是提升大眾的快樂程度而已。

如果大多數人都願意放棄唯物觀，接受唯樂觀，會有什麼結果？首先，個人與文化之間互相嫉妒的情況將大幅減少。在我主持的一場領導力講習會上，有幾位學員把組織成員比喻為一群即將被扔進鍋裡烹煮的螃蟹，當其中一隻螃蟹試圖爬出鍋子，其他螃蟹就會把牠拖回來，理由不是因為這麼做能幫助大家逃出去，而是不希望別的螃蟹在牠們遭到烹煮的時候離開。這種想把別人拖下水的動機就是來自唯物觀。唯物觀認為，世界擁有的資源不多也不少，這個人的成功便意味著那個人的失敗，甲方的收穫就是乙方的損失。

其次，個人與國際間的衝突也會顯著減少。大多數戰爭都是為了爭奪土地、石油、黃金和其他物資，點燃這些戰火的國家領導者都錯誤地認為，國家和自身的快樂來自他們擁有多少物質財富。

由於物質資源是有限的，接受這種假設將為許多國家和個人帶來衝突。只要雙方了解快樂的本質，就可以為大部分的衝突找到雙贏的解決之道。既然快樂取決於內在而非外在條件，一旦終極貨幣廣布各地，利益衝突應該就不存在了。快樂的品質並非一成不變，某個人或某個國家擁有大量的快樂，也不會剝奪另一個人或另一個國家的快樂。追求快樂不是在玩一場「零和遊戲」（zero-sum game），而在進行一場「正和遊戲」（positive-sum game），每個人都會過得更好。佛陀說：「一燭能燃千燭，燭火乃生生不滅。」

我很希望我們都能化解個人和國際間的衝突。這不是在提倡和平主義，如果只重視妥協讓步帶來的短期利益，而忽視長期的後果，既得不到和平也得不到快樂。遭到侵犯的個人或國家不是邀請敵方坐在談判桌前，向他們解釋快樂才是人類最高的目標就夠了，要維護良好的國際關係和人際關係，需要雙方攜手共舞才能發生功效。

快樂革命不是利用財富充公再重新分配給大眾的手法來推動，而是從扭轉個人觀念著手。快樂革命也不是經由流血叛變、剷除社會上數百萬個潛在異議分子的手段來完成，而是要顛覆舊有的觀念，擺脫唯物主義的枷鎖，不輕易放棄追求快樂的潛能。

快樂革命能創造社會典範，使社會產生更強的自覺意識，擁有更高的生存格調，接受「快樂至上」的觀念。如果社會上大多數的人都了解並相信追求快樂不是零和遊戲，也不是你爭我奪的競賽，一場寧靜的革命就會展開。追求快樂和幫助別人得到快樂，也將成為相輔相成的目標。當這場革命誕生之後，我們將目睹整個社會充滿快樂與善行。

日常練習

化干戈為玉帛

回想你和別人或某個群體發生過的小摩擦或大衝突，然後寫下你和對方付出的快樂代價，這代價是否值得？若不值得，思考幾個能為你和對方增添快樂的可行做法。

舉個例說，你覺得老是怨恨某位曾經令你失望的朋友值得嗎？那樣會讓雙方更快樂嗎？你是否應該與對方一起討論這件事，在承認你受到傷害之後，盡力挽回這份依然可能為你創造快樂的友誼？

對別人產生負面情緒通常都有正當理由，也是自然甚至健康的現象。有時候，衝突情況在所難免，不計代價地努力修好，反而可能造成長期性的不愉快。不過，許多人卻因為某個不必要的理由，在他們可以寬恕別人、放下積怨、再續前緣的時候，依然憎恨某些親人、故友，或群體。

不論我們選擇寬恕、和解，還是責難、撤退，一定要將快樂當成取捨的標準，還要先問自己一個答案複雜的簡單問題：哪個選擇能使終極貨幣獲利最多？

活在當下

要改造世界，先改變自己。

——印度聖雄甘地

我很樂觀地認為，我們的社會有可能邁向心靈富足的境界。我也相信，大家都能找到兼顧現在和未來利益的職場工作、充滿快樂氣氛的學習環境、既有意義也有樂趣的感情關係。我還認為，快樂革命總有誕生的一日，但這些改變不可能在一夕之間發生。

本書提出了一個條理清晰的快樂理論，但人生卻是不按牌理出牌。理論最多只能為變動不居的生活建立一個穩定的基礎，為我們搭起一座提出合理疑問的平台。當然，要將理論化為實際行動是很難的，扭轉根深柢固的思考習慣、改變自己和世界，都得付出龐大的心力。

通常，大家只要發現某些理論難以實行，便棄之如敝屣。說來奇怪，大多數人寧可不辭辛勞地追逐物質成就，卻輕易放棄對終極貨幣的追求。如果我們期望得到快樂，就必須全力以赴。要活得痛苦很容易，只要一步——無所事事——即可辦到，但追求快樂卻沒有捷徑。

此時不做，更待何時

有一天，我與好友古珀相約前往麻州觀光小鎮普羅文斯城的近郊散步，一塊兒欣賞熟悉的街頭商店，傾聽海浪拍打岸礁的聲音，吸收散發著海水味的空氣，體驗難得的悠閒度假氣氛。當時我還是一名研究生，在學校裡過著競爭激烈的生活，所以我對古珀說，我一畢業就要搬去一個像普羅文斯城這樣的好地方。我以為只要不再有那些討人厭的報告期限和累死人的生活步調，就可以享受夢寐以求的平靜生活。過去我也常想到畢業以後要搬到一個僻靜的地方，但是當我真的吐露這個想法以後，卻有股忐忑不安的感覺。這不正是掉進了活在未來的陷阱嗎？我非得等到畢業以後才能付諸行動嗎？

本書的構想是古珀與我的合作結晶，我們經常共同討論和思索快樂的問題，也曾聊到如何在競爭激烈、大量工作、步調飛快的環境下，依然保有平靜的生活。古珀說：「內心一定要平靜，如果心情愉快，快樂的感覺就會如影隨形，你走到哪兒都會帶著它。」她頓了一下繼續說：「我的意思不是說外在環境不重要，但外在環境不會帶給我們快樂。」

我們常以為，只要達到某個未來目標，就會產生成就感和平靜感，也可以得到快樂。也常告訴自己，只要走出大學校門、獲得終身教職、賺到足夠的鈔票、擁有家庭和子女，或改變各種生活現狀，就能擁有快樂。然而大部分的情況是，當我們完成某個目標之後，立刻又恢復原有的快樂程度。如果總是處於緊張焦慮的狀態，當我們達到自以為可以改善現況的某個目標後，這些負面感受可能很快又會死灰復燃。

拚命三郎的壓力多半來自掌控未來的欲望，他們只想到「萬一」，不思考「現況」。他們活在緊張虛幻的未來，不是活在平靜真實的現在，所以心裡總是惦記著下面的疑問：萬一考試考得不好怎麼辦？萬一得不到升遷怎麼辦？萬一付不起新居貸款怎麼辦？他們不是全神貫注地活在當下，而是如同美國現代詩人金奈爾（Galway Kinnell）所說的：「對未來一無所知。」

還有一些人死守著過去，不願體驗活在當下的快樂。他們一再重演不愉快的往事，起初活得像拚命三郎，後來又成為享樂主義者；他們渴望恢復昔日的感情，卻無功而返；他們寧可轉戰各業，卻不願尋找真正的志業；他們只想回到從前，為不愉快的生活找理由，卻浪費了快樂的潛能。我們不應該老是當過去或未來的奴隸，應該學會善用眼前和周遭的快樂資源。

把握現在

在追求快樂的過程裡，我們經常遇到的障礙是：誤以為某樣事物——一本書、一位老師、一名公主或騎士、一項成就、一份獎品，或一個啟示——能帶給我們永恆的幸福。雖然這些事物確實能幫助我們得到快樂，但它們只是快樂人生這幅馬賽克拼貼畫裡的一小部分。相信童話故事裡的快樂概念（以為得到某樣東西就會使人永遠幸福快樂），必定引來失望的後果。幸福或更快樂的人生，很少來自某個扭轉人生的特殊事件，而是靠一次又一次的經歷點點滴滴逐步堆積起來的。

為了體驗和實現快樂的生活，我們必須接受「把握現在」的觀念，也就是擁抱日常生活裡的一切事物，以及人生這幅拼貼畫裡的所有細節。當我們從陪伴家人朋友、學習新的事物、參與工作計劃當中找到樂趣和意義，就能活得幸福快樂。生活裡充滿愈多這樣的經驗，就會活得愈快樂。

一切就從現在做起。

國家圖書館出版品預行編目資料

更快樂 : 哈佛最受歡迎的一堂課 / 塔爾・班夏哈（Tal Ben-Shahar）著 ; 譚家瑜譯 . -- 第三版 . -- 臺北市 : 天下雜誌股份有限公司 , 2023.01
240 面 ; 14.8×21 公分 . -- (心靈成長 ; 95)
譯自 : Happier : learn the secrets to daily joy and lasting fulfillment.
ISBN 978-986-398-849-6 (平裝)

1.CST: 快樂 2.CST: 生活指導

176.51 111019546

心靈成長 095

更快樂（經典暢銷版）

哈佛最受歡迎的一堂課

Happier: Learn the Secrets to Daily Joy and Lasting Fulfillment

作　　者／塔爾・班夏哈（Tal Ben-Shahar）
譯　　者／譚家瑜
封面設計／葉馥儀
內文版型／葉若蒂
內頁排版／菩薩蠻電腦科技有限公司
責任編輯／王慧雲、楊安琪、盧羿珊

天下雜誌群創辦人／殷允芃
天下雜誌董事長／吳迎春
出版部總編輯／吳韻儀
出 版 者／天下雜誌股份有限公司
地　　址／台北市 104 南京東路二段 139 號 11 樓
讀者服務／（02）2662-0332　傳真／（02）2662-6048
天下雜誌 GROUP 網址／ http://www.cw.com.tw
劃撥帳號／ 01895001 天下雜誌股份有限公司
法律顧問／台英國際商務法律事務所・羅明通律師
印刷製版／中原造像股份有限公司
裝 訂 廠／中原造像股份有限公司
總 經 銷／大和圖書有限公司 電話／（02）8990 -2588
出版日期／ 2023 年 1 月 3 日第三版第一次印行
定　　價／ 330 元

書號：BCCG0095P
ISBN：978-986-398-849-6（平裝）